CANTONESE
CHINESE
PHRASEBOOK & DICTIONARY

No part of this book may be reproduced, stored in a retrieval system or transmitted in any form or means electronic, mechanical, photocopying, recording or otherwise, without prior written permission from APA Publications.

Contacting the Editors
Every effort has been made to provide accurate information in this publication, but changes are inevitable. The publisher cannot be responsible for any resulting loss, inconvenience or injury. We would appreciate it if readers would call our attention to any errors or outdated information. We also welcome your suggestions; if you come across a relevant expression not in our phrase book, please contact us at: **hello@insightguides.com**

All Rights Reserved
© 2016 Apa Digital (CH) AG and Apa Publications (UK) Ltd.

First Edition: 2016
Printed in China

Cover & Interior Design: Pawel Pasternak
Production: AM Services
Production Manager: Vicky Glover
Cover Photo: iStock (front), Shutterstock (back)

Interior Photos: Shutterstock

CONTENTS

INTRODUCTION

Pronunciation	7	Grammar	14
How to use the App	12		

GETTING STARTED

THE BASICS	**20**	**ARRIVAL & DEPARTURE**	**30**
NUMBERS	**20**	NEED TO KNOW	30
NEED TO KNOW	20	Border Control	30
All-purpose Counters	23	**MONEY**	**33**
Other Counters	24	NEED TO KNOW	33
Ordinal Numbers	24	At the Bank	33
Measurements of Action	24	**CONVERSATION**	**36**
Time	25	NEED TO KNOW	36
NEED TO KNOW	25	Language Difficulties	37
Days	26	Making Friends	39
NEED TO KNOW	26	Travel Talk	40
Dates	26	Personal	40
Months	27	Work & School	42
Seasons	28	Weather	43
Holidays	28		

EXPLORING

GETTING AROUND	**46**	Taxi	64
NEED TO KNOW	46	Bicycle & Motorbike	67
Tickets	47	Car Hire	67
Airport Transfer	50	Fuel Station	69
Checking In	52	Asking Directions	70
Luggage	54	Parking	73
Finding your Way	55	Breakdown & Repair	74
Train	56	Accidents	74
Departures	58	**PLACES TO STAY**	**75**
On Board	59	NEED TO KNOW	75
Bus	60	Somewhere to Stay	76
Subway	62	At the Hotel	77
Boat & Ferry	63	Price	79

Preferences	80	Social Media	94
Questions	80	Phone	96
Problems	83	Telephone Etiquette	100
Checking Out	84	Fax	100
Renting	85	Post	100
Domestic Items	86	**SIGHTSEEING**	**102**
At the Hostel	88	NEED TO KNOW	102
Going Camping	90	Tourist Information	102
COMMUNICATIONS	**92**	On Tour	103
NEED TO KNOW	92	Seeing the Sights	105
Online	93	Religious Sites	108

ACTIVITIES

SHOPPING	**112**	Newsagent & Tobacconist	130
NEED TO KNOW	112	Photography	132
At the Shops	113	Souvenirs	133
Ask an Assistant	116	**SPORT & LEISURE**	**137**
Personal Preferences	117	NEED TO KNOW	137
Paying & Bargaining	118	Watching Sport	138
Making a Complaint	120	Playing Sport	139
Services	120	At the Beach/Pool	140
Hair & Beauty	121	Winter Sports	142
Antiques	123	Out in the Country	144
Clothing	123	**TRAVELING**	
Colors	124	**WITH CHILDREN**	**147**
Clothes & Accessories	125	NEED TO KNOW	147
Fabric	128	Out & About	148
Shoes	129	Baby Essentials	149
Sizes	130	Babysitting	151

HEALTH & SAFETY

EMERGENCIES	**154**	NEED TO KNOW	158
NEED TO KNOW	154	Finding a Doctor	159
POLICE	**155**	Symptoms	159
NEED TO KNOW	155	Conditions	161
Crime & Lost Property	156	Treatment	163
HEALTH	**158**	Hospital	163

Dentist	164	Basic Supplies	169
Gynecologist	165	Child Health	
Optician	165	& Emergency	172
Payment & Insurance	165	**DISABLED TRAVELERS**	**172**
PHARMACY	**166**	Asking for Assistance	172
NEED TO KNOW	166	NEED TO KNOW	173
What to Take	167		

FOOD & DRINK

EATING OUT	**176**	Meat & Poultry	195
NEED TO KNOW	176	Vegetables & Staples	197
Where to Eat	177	Fruit	199
Reservations		Dessert	201
& Preferences	179	Sauces & Condiments	202
How to Order	181	At the Market	202
Cooking Methods	183	In the Kitchen	204
Dietary Requirements	184	**DRINKS**	**206**
Dining With Children	186	NEED TO KNOW	206
How to Complain	186	Non-alcoholic Drinks	207
Paying	187	Aperitifs, Cocktails	
MEALS & COOKING	**189**	& Liqueurs	209
Breakfast	189	Beer	210
Appetizers	191	Wine	210
Soup	192	**ON THE MENU**	**212**
Fish & Seafood	194		

GOING OUT

GOING OUT	**232**	NEED TO KNOW	236
NEED TO KNOW	232	The Dating Game	236
Entertainment	233	Accepting & Rejecting	238
Nightlife	234	Getting Intimate	239
ROMANCE	**236**	Sexual Preferences	241

DICTIONARY

ENGLISH-CHINESE	**244**	**CHINESE-ENGLISH**	**263**

INTRODUCTION • 7

PRONUNCIATION

The romanized pronunciation system widely used for Cantonese Chinese is the Yale romanization system. This system is used throughout the phrase book. Not all romanization letters or letter combinations are pronounced as they normally are in English. A guide to the pronunciation follows.
In addition to the Roman alphabet, Yale romanization also features tonal marks, which repesent six Cantonese tones:

CONSONANTS

Tone	Mark	Description	Example	Chinese	Translation
1st	¯	high and level tone	sī	絲	*silk*
2nd	´	high, rising tone; starts medium in tone, then rises	sí	史	*history*
3rd		mid-level tone; flat, with no emphasis	si	試	*try*
4th	` h	low, falling tone; starts medium in tone and then falls sharp and strong	sìh*	時	*time*
5th	´ h	low, rising tone; starts low then rises to medium tone	síh*	市	*city*
6th	h	low and level tone	sih*	事	*matter*

*An 'h' is placed after the vowel to indicate low tone.

INITIAL CONSONANTS

Symbol	Approximate Pronunciation	Example	Pronunciation
gw	like qu in quiet	貴	gwai
kw	like k + w	裙	kwàhn
ch	between ch in church and ts in cats	叉	chā
j	between j in judge and ds in adds	炸	ja
m	like pronouncing m without opening the mouth	唔	m
ng	like ng in lying but further back in the mouth	我	ngóh

The letters b, d, f, g, h, k, l, m, n, p, s, t, w, y are pronounced generally as in English.

FINALS

Symbol	Approximate Pronunciation	Example	Pronunciation
a	like a in father	沙	sā
e	like ai in fair	遮	jē
eu	like er in her	靴	hēu
i	like e in me	紙	jí
o	like o in dog	我	ngóh
u	like oo in cool	苦	fú
yu	like pronouncing you with lips pursed	書	syū
ai	like ei in Fahrenheit	雞	gāi
au	like ou in out	夠	gau

INTRODUCTION • 9

Symbol	Approximate Pronunciation	Example	Pronunciation
am	like um in umbrella	心	sām
an	like un in under	身	sān
ang	like un in uncle	生	sāng
ap	like up	十	sahp
at	like ut in utmost	實	saht
ak	like uck in luck	得	dāk
aai	like ai in aisle	街	gāai
aau	like ou in foul	教	gaau
aam	like am in Guam	三	sāam
aan	like aun in aunt	山	sāan
aang	like aun in aunt + g	行	hàahng
aap	like arp in harp	垃	laahp
aat	like art in cart	辣	laaht
aak	like ark in bark	肋	laahk
ei	like ei in eight	記	gei
eng	like e + ng	靚	leng
ek	like eck in deck	隻	jek
eui	like oi, pronounced with lips rounded	去	heui
eun	like en in enable, pronounced with lips rounded	信	seun
eut	like eu + t	出	chēut
eung	like eu + ng	香	hēung
euk	like eu + k	腳	geuk
iu	like il in until	笑	siu
im	like im in impolite	甜	tìhm
in	like in	天	tīin
ing	like ing in sing	星	sīng
ip	like ip in sip	涉	sip
it	like it in sit	洩	sit
ik	like ick in sick	識	sīik
ou	like ou in dough	好	hóu
oi	like oi in oil	開	hōi

10 • INTRODUCTION

Symbol	Approximate Pronunciation	Example	Pronunciation
on	like on	乾	gōn
ong	like on + g	江	gōng
ot	like ot in lot	渴	hot
ok	like auc in auction	各	gok
ui	like ui in cuisine	杯	būi
un	like oun in wound	半	bun
ut	like oo in wood + t	闊	fut
ung	like one in phone	中	jūng
uk	like oak	讀	duhk
yun	like yu + n	院	yŭn
yut	like yu + t	月	yuht

Cantonese is spoken in Hong Kong, Macau, Guangdong and Guangxi. There are approximately 64 million speakers of Cantonese in the world. Cantonese speakers can also be found in Malaysia, Vietnam, Singapore, Indonesia and among Chinese immigrants all over the world. Although Cantonese speakers read and write Mandarin Chinese, the Cantonese dialect is different in sentence structure, pronunciation and to a certain extent, grammar and vocabulary. This means that Cantonese speakers speak in one way (Cantonese dialect), but write in another (Mandarin Chinese).

Written Chinese is not a combination of letters but ideograms. Each character represents a syllable of spoken Chinese; more than 80% of Chinese characters are actually compounds of two or more characters.

Chinese in written form can be traditional or simplified. Historically, traditional had been used in Hong Kong. Traditional Chinese has more strokes and is written vertically in columns from right to left or horizontally from left to right. Simplified Chinese has fewer strokes and is written horizontally from left to right. This phrase book features traditional Chinese.

12 • INTRODUCTION

HOW TO USE THE APP

Quickly access your recently viewed entries

Look up words and phrases on-the-go

Conveniently navigate the phrasebook categories

Change font size and background color

INTRODUCTION • 13

Save the most useful everyday words and phrases to your Favorites

Use the Flash Cards Quiz to learn and memorize new words easily

Is there a traditional Chinese/ an inexpensive restaurant near here?

附近有冇傳統嘅中國/唔貴嘅餐廳?

fuh gahn yáuh móuh chyùhn túng ge/jūng gwok/m gwai ge chāan tēng

Take all digital advantages of the app: listen to words and phrases pronounced by native speakers

Can you reco... A table for......

Phrasebook | Tools | Catalogue | Favourites | Info

To learn how to activate the app, see the inside back cover of this phrasebook.

GRAMMAR

VERBS

Chinese verbs are not conjugated. There is one basic verb form that is used for every person and tense. Expressing tense is usually done through adverbs of time such as yesterday and tomorrow:

I walk to school every day. (habitual action)
我每日行路去學校。 *ngóh múih yaht hàahng louh heui hohk haauh*

We want to go to school on foot. (talking about a plan)
我想行路去學校。 *ngóh séung hàahng louh heui hohk haauh*

I walked to school. (talking about a past event)
我係行去學校嘅。 *ngóh haih hàahng heui hohk haauh ge*

Tense can also be expressed by using the particle 過 (*gwo*) or 咗 (*jó*), e.g.,

I have eaten. 我食咗飯喇。 *ngóh sihk jó faahn la*

NOUNS

There are no plural forms for Chinese nouns, with few exceptions. Whether the noun is singular or plural is determined from the context or by a number modifying the noun.

My bag is missing. 我嘅袋唔見咗。
ngóh ge dói m gin jó

My bags are missing. 我啲袋唔見咗。
ngóh dī dói m gin jó

PRONOUNS

Personal pronouns in Chinese are:
I	我	*ngóh*
you	你	*néih*
he	佢	*kéuih*
she	佢	*kéuih*
it	佢	*kéuih*
we	我哋	*ngóh deih*
you (pl.)	你哋	*néih deih*
they	佢哋	*kéuih deih*

Personal pronouns do not require different verb forms:
I am 我係 *ngóh haih*
He is 佢係 *kéuih haih*
They are 佢哋係 *kéuih deih haih*

Add 嘅 (ge) after the pronoun to make it possessive.
my 我嘅 *ngóh ge* (Literally: I + ge)

WORD ORDER

Word order in Chinese is usually as in English: subject, verb, object. This varies, though, depending on the emphasis of the sentence.

I would like a cup of tea.
我想要杯茶。 *ngóh séung yiu būi chàh*

Yes/No questions are formed by using a verb-not-verb structure:

Is this the ticket office? (Literally: Here to be not to be ticket office?)
呢度係唔係售票處? *nī douh haih m haih sau piu chyu*

Other questions are formed by inserting specific question words (who, what, where, when, how many) in the sentence where the information asked for would come:

Where is the ticket office?
售票處喺邊度? *sauh piu chyu hái bīn douh*

The Chinese is literally, ' Ticket office is **where**?' '**Where**' follows the verb because the answer would also follow the verb, ' The ticket office is **here.**'

NEGATION & AFFIRMATION

唔 (*m*) or 冇 (*móuh*) is added before the verb to indicate negation. While 唔 usually preceeds the verb to be, 冇 is used in front of 有 (*yáuh*) and to negate action already completed.

Examples:
I am not on vacation. 我唔係度緊假。
ngóh m haih douh gán ga
I have not bought the ticket. 我仲未買飛。
ngóh juhng meih máaih fēi

Repeat the verb that was used in the question for affirmations or add 唔 (*m*) before the verb for negations.

Would you like tea? 你想唔想飲茶?
néih séung m séung yám chàh
Yes, I would. 想。
séung
No, thank you. 唔想。
m séung

IMPERATIVES

Usually, 啦 (lā) or 呀 (a) is added at the end of a statement to express a command politely, for example:

Buy the ticket! 買飛票啦！
máaih fēi lā

ADJECTIVES

Adjectives with two or more syllables in Chinese usually have the character 嘅 (ge) at the end and precede the noun they modify, for example:

a good meal 好食嘅野
hóu sihk ge yéh

ADVERBS

Adverbs in Chinese are usually followed by 咁 (gám) and precede the verbs they modify, for example:

work carefully 認真咁工作
yihng jān gám gūng jok

GETTING STARTED

THE BASICS	20
ARRIVAL & DEPARTURE	30
MONEY	33
CONVERSATION	36

THE BASICS

NUMBERS

NEED TO KNOW

0	零 *lìhng*
1	一 *yāt*
2	二 *yih*
3	三 *sāam*
4	四 *sei*
5	五 *ngh*
6	六 *luhk*
7	七 *chāt*
8	八 *baat*
9	九 *gáu*
10	十 *sahp*
11	十一 *sahp yāt*
12	十二 *sahp yih*

13	十三
	sahp sāam
14	十四
	sahp sei
15	十五
	sahp ngh
16	十六
	sahp luhk
17	十七
	sahp chāt
18	十八
	sahp baat
19	十九
	sahp gáu
20	二十
	yih sahp
21	二十一
	yih sahp yāt
22	二十二
	yih sahp yiih
30	三十
	sāam sahp
31	三十一
	sāam sahp yāt
40	四十
	sei sahp
50	五十
	ngh sahp
60	六十
	luhk sahp

70	七十	chāt sahp
80	八十	baat sahp
90	九十	gáu sahp
100	一百	yāt baak
101	一百零一	yāt baak lihng yāt
200	二百	yih baak
500	五百	ngh baak
1,000	一千	yāt chīn
10,000	一萬	yāt maahn
1,000,000	一百萬	yāt baak maahn

In Chinese, there are general numbers, listed on page 20, used for talking about sums of money, phone numbers, etc. There is also a system for combining a number with an object-specific counter. This system groups objects into types according to shape and size. There are specific ways to count flat objects, machines, animals, people, etc. When you're unsure of the correct counter, you can try using the general numbers above or the all-purpose counters.

ALL-PURPOSE COUNTERS

1	一個	*yāt go*
2	兩個	*léuhng go*
3	三個	*sāam go*
4	四個	*sei go*
5	五個	*ngh go*
6	六個	*luhk go*
7	七個	*chāt go*
8	八個	*baat go*
9	九個	*gáu go*
10	十個	*sahp go*

Note that the counter usually precedes the word it qualifies, for example:

I'd like an apple. 我想要一個蘋果。
ngóh séung yiu yāt go pìhng gwó

I'd like two apples. 我想要兩個蘋果。
ngóh séung yiu léuhng go pìhng gwó

OTHER COUNTERS

thin, flat objects	small objects (of any shape)	packages (of any size)
1 一張 *yāt jēung*	一塊 *yāt faai*	一包 *yāt bāau*
2 兩張 *léuhng jēung*	兩塊 *léuhng faai*	兩包 *léuhng bāau*
3 三張 *sāam jēung*	三塊 *sāam faai*	三包 *sāam bāau*
4 四張 *sei jēung*	四塊 *sei faai*	四包 *sei bāau*
5 五張 *ngh jēung*	五塊 *ngh faai*	五包 *ngh bāau*

ORDINAL NUMBERS

first	第一 *daih yāt*
second	第二 *daih yih*
third	第三 *daih sāam*
fourth	第四 *daih sei*
fifth	第五 *daih ngh*

MEASUREMENTS OF ACTION

once	一次 *yāt chi*
twice	兩次 *léuhng chi*

TIME

NEED TO KNOW

What time is it?	幾點?
	géi dím
It's noon [midday].	而家係中午。
	yìh gā haih jūng ngh
At midnight.	喺午夜。
	hái ngh yeh
From one o'clock to two o'clock.	由一點到兩點。
	yàuh yāt dím dou léuhng dím
Five after [past] three.	三點零五分。
	sāam dím lìhng ngh fān
5:30 a.m./p.m.	上晝/下晝五點半
	seuhng jau/hah jau ngh dím bun

DAYS

NEED TO KNOW

Monday	星期一 *sīng kèih yāt*
Tuesday	星期二 *sīng kèih yih*
Wednesday	星期三 *sīng kèih sāam*
Thursday	星期四 *sīng kèih sei*
Friday	星期五 *sīng kèih ngh*
Saturday	星期六 *sīng kèih luhk*
Sunday	星期日 *sīng kèih yaht*

DATES

yesterday	琴日 *kàhm yaht*
today	今日 *gām yaht*
tomorrow	聽日 *tīng yaht*
day	日 *yaht*
week	星期 *sīng kèih*

GETTING STARTED • 27

month	月
	yuht
year	年
	nìhn

> In China, dates are written in the following order: year 年 (*nìhn*), month 月 (*yuht*) and date 日 (*yaht*). For example, October 12, 2008 in Chinese would be *2008年10月12日*. Note that while months can be represented as following, Arabic numbers are also used.

MONTHS

January	一月
	yāt yuht
February	二月
	yih yuht
March	三月
	sāam yuht
April	四月
	sei yuht
May	五月
	ngh yuht
June	六月
	luhk yuht
July	七月
	chāt yuht
August	八月
	baat yuht
September	九月
	gáu yuht

October	十月
	sahp yuht
November	十一月
	sahp yāt yuht
December	十二月
	sahp yih yuht

SEASONS

spring	春天
	chēun tīn
summer	夏天
	hah tīn
fall [autumn]	秋天
	chāu tīn
winter	冬天
	dūng tīn

HOLIDAYS

1st Day of the 1st Lunar Month: Spring Festival (Chinese New Year)
May 1: International Labor Day

May 5 (Lunar Calendar): Dragon Boat Festival
October 1: National Day
October 15 (Lunar Calendar): Mid-Autumn Festival (Moon-cake Day)

> Traditional holidays, such as Chinese New Year, or Spring Festival, follow the lunar calendar, so dates vary annually. Chinese New Year is an important holiday in China, celebrated with gifts, decorations, traditional food and fireworks. It ends on the fifteenth day of the lunar new year with the Lantern Festival, which includes festivities such as a lantern parade and lion dance.

ARRIVAL & DEPARTURE

NEED TO KNOW

I'm on vacation [holiday]/business.	我依家度假/出差。 *ngóh yìh gā douh ga/ chēut chāai*
I'm going to…	我要去… *ngóh yiu heui…*
I'm staying at the…Hotel.	我住喺…酒店。 *ngóh jyuh hái…jáu dim*

YOU MAY HEAR…

唔該護照。
m gōi wuh jiu
Your passport, please.

你嚟嘅目的係乜野?
néih làih ge muhk dīk haih māt yéh
What's the purpose of your visit?

你住喺邊度?
néih jyuh hái bīn douh
Where are you staying?

你留幾耐?
néih làuh géi noih
How long are you staying?

邊個同你一齊嚟?
bīn go tùhng néih yāt chàih làih
Who are you here with?

BORDER CONTROL

I'm just passing through.	我淨係過境。 *ngóh jihng haih gwo gíng*

GETTING STARTED • 31

I'd like to declare… 我想申報…
ngóh séung sān bou…

I have nothing to declare. 我唔使申報。
ngóh m sái sān bou

YOU MAY HEAR…

使唔使申報?
sái m sái sān bou
Anything to declare?

呢件野你要畀稅。
nī gihn yéh néih yiu béi seui
You must pay duty on this.

唔該你打開呢個袋。
m gōi néih dá hōi nī go dói
Open this bag.

YOU MAY SEE…

海關
hói gwāan
customs

免稅物品
míhn seui maht bán
duty-free goods

申報物品
sān bou maht bán
goods to declare

不需要申報
bāt sēui yiu sān bou
nothing to declare

護照檢查
wuh jiu gím chàh
passport control

警員
gíng yùhn
police

U.S. and U.K. citizens must possess a valid passport and visa, issued by the Chinese authorities, to enter China. Tour groups may be issued group visas; the paperwork in this case would be handled by the travel agency. U.S. and U.K. citizens need a valid passport only if their destination is Hong Kong alone.

Before you arrive in China, you will have to fill out a declaration form listing any valuables in your possession. When you leave China, you may be asked to show that you are taking with you the items listed, except for any items declared as gifts. Contact your consulate for information on obtaining visas and for health requirements and travel advisories.

MONEY

NEED TO KNOW

Where's...?	…喺邊度？
	...hái bīn douh
the ATM	自動提款機
	jih duhng tàih fún gēi
the bank	銀行
	ngàhn hòhng
the currency exchange office	貨幣兌換處
	fo baih deui wuhn chyu
When does the bank open/close?	銀行幾時開門/閂門？
	ngàhn hòhng géi sìh hōi mùhn/sāan mùhn
I'd like to change dollars/pounds into Hong Kong dollars.	我想將美金/英鎊換成港紙。
	ngóh séung jēung méih gām/yīng bóng wuhn sìhng gong jí
I'd like to cash traveler's checks [cheques].	我想將旅行支票換成現金。
	ngóh séung jēung léuih hàhng jī piu wuhn sìhng yihn gām

AT THE BANK

I'd like to change money/get a cash advance.	我想換錢/預支現金。
	ngóh séung wuhn chín/ yuh jī yihn gām
What's the exchange rate/fee?	外幣兌換率/費係幾多？
	ngoih baih deui wuhn léut/fai haih géi dō

I think there's a mistake.	我覺得錯咗。 *ngóh gok dāk cho jó*
I lost my traveler's checks [cheques].	我唔見咗旅行支票。 *ngóh m gin jó léuih hàhng jī piu*
My credit card…	我嘅信用卡… *ngóh ge seun yuhng kāat…*
was lost	唔見咗 *m gin jó*
was stolen	畀人偷咗 *béi yàhn tāu jó*
doesn't work	唔用得 *m yuhng dāk*
The ATM ate my card.	自動取款機食咗我嘅信用卡。 *jih duhng tàih fún gēi sihk jó ngóh ge seun yuhng kāat*

For Numbers, see page 20.

Cash is the preferred method of payment in China. However, most major credit cards are accepted in large shopping malls, stores and banks in Hong Kong and other major cities in China. A location that accepts credit card payment will display a credit card symbol in a visible place.

Traveler's checks are accepted at most large banks, but you may have to pay a fee to cash them. Keep the receipt from the bank at home where your traveler's checks were issued as you may be asked to show it. You can change money at most banks and in some of the larger stores.

GETTING STARTED • 35

YOU MAY SEE...

插入信用卡 *chāap yahp seun yuhng kāat*	insert card here
取消 *chéui sīu*	cancel
清除 *chīng chèuih*	clear
進入 *jeun yahp*	enter
密碼 *maht máh*	PIN
取款 *chéui fún*	withdrawal
從支票帳戶取錢 *chùhng jīpiu wu háu chéui chín*	from checking [current] account
從儲蓄帳戶取錢 *chùhng chyú chūk wuh háuh chéui chín*	from savings account
收據 *sāu geui*	receipt

Chinese currency is 人民幣 *yàhn màhn baih* (Ren Min Bi, RMB), literally, 'people's money', not tradable outside China. Currency used in Hong Kong is 港幣 *góng baih* (Hong Kong dollar). The monetary unit of Hong Kong dollars is the 蚊 *mān* (dollar), which is divided into 毫子 *hòuh jí* (ten cents). Bill denominations include 10, 20, 50, 100, 500, 1000 dollars; coins include 1, 2, 5, 10 dollars; 1 *hòuh jí*, 2 *hòuh jí*, 5 *hòuh jí*. One dollar is equal to 10 *hòuh jí*.

CONVERSATION

NEED TO KNOW

Hello!	你好！
	néih hóu
How are you?	你好嗎？
	néih hóu ma
Fine, thanks.	好好，多謝。
	hóu hóu dō jeh
Excuse me!	唔該！
	m gōi
Do you speak English?	你講唔講英文？
	néih góng m góng yīng màhn
What's your name?	你叫乜野名？
	néih giu māt yéh méng
My name is...	我叫…
	ngóh giu...
Nice to meet you.	好高興見到你。
	hóu gōu hing gin dóu néih
Where are you from?	你喺邊度嚟？
	néih hái bīn douh làih
I'm from the U.S./U.K.	我喺美國/英國嚟。
	ngóh hái méih gwok/yīng gwok làih
What do you do?	你做乜野工作？
	néih jouh māt yéh gūng jok
I work for...	我喺…做野
	ngóh hái...jouh yéh
I'm a student.	我係學生。
	ngóh haih hohk sāang

GETTING STARTED • 37

I'm retired.	我退咗休。
	ngóh teui jó yau
Do you like…?	你想…?
	néih séung…
Goodbye.	再見。
	joi gin

> It is polite to address people with: 先生 *sin sāang* (Sir), 女士 *néuih sih* (Madam) or 小姐 *síu jé* (Miss). The Chinese give special respect to older men and women by addressing them with 哥哥 *gòh gō* and 姐姐 *jèh jē*, respectively.

LANGUAGE DIFFICULTIES

Do you speak English?	你講唔講英文?
	néih góng m góng yīng màhn
Does anyone here speak English?	呢度邊個識講英文?
	nī douh bīn go sīk góng yīng màhn
I don't speak Chinese.	我唔識講中文。
	ngóh m sīk góng jūng màhn
Can you speak more slowly?	你可唔可以講慢啲?
	néih hó m hó yíh góng maahn dī
Can you repeat that?	你可唔可以再講一次?
	néih hó m hó yíh joi góng yāt chi
Excuse me?	唔該?
	m gōi

YOU MAY HEAR...

我講少少英文。
ngóh góng síu síu yīng màhn
我唔識講英文。
ngóh m sīk góng yīng màhn

I only speak a little English.
I don't speak English.

What was that?	呢個係乜野？ *nī go haih māt yéh*
Can you spell it?	你可唔可以串出嚟？ *néih hó m hó yíh chyun chēut làih*
Please write it down.	唔該你寫低。 *m gōi néih sé dāi*
Can you translate this into English for me?	你可唔可以將呢個翻譯成英文？ *néih hó m hó yíh jēung nī go fāan yihk sìhng yīng màhn*
What does this/that mean?	呢個/嗰個係乜野意思？ *nī go/gó go haih māt yéh yi sī*
I understand.	我明白喇。 *ngóh mìhng baahk la*

I don't understand.	我唔明白。
	ngóh m mìhng baahk
Do you understand?	你明白未?
	néih mìhng baahk meih

MAKING FRIENDS

> A light, quick handshake is generally an accepted greeting in China. A subtle nod and slight bow are other common greetings. You may also see a person lowering his or her eyes upon meeting someone; this is a gesture of respect.

Hello!	你好!
	néih hóu
Good morning.	早晨。
	jóu sàhn
My name is…	我嘅名係…
	ngóh ge méng haih…
What's your name?	你叫乜野名?
	néih giu māt yéh méng
I'd like to introduce you to…	我想同你介紹…
	ngóh séung tùhng néih gaai siuh…
Pleased to meet you.	好高興見到你。
	hóu gōu hing gin dóu néih
How are you?	你好嗎?
	néih hóu ma
Fine, thanks. And you?	好好,多謝。你呢?
	hóu hóu dō jeh néih nē

TRAVEL TALK

I'm here…	我喺呢度…
	ngóh hái nī douh…
on business	工幹
	gūng gon
on vacation [holiday]	度假
	douh ga
studying	讀書
	duhk syū
I'm staying for…	我要留…
	ngóh yiu làuh…
I've been here…	我喺呢度已經…喇
	ngóh hái nī douh yíh gīng…la
a day	一日
	yāt yaht
a week	一個星期
	yāt go sīng kèih
a month	一個月
	yāt go yuht
Where are you from?	你喺邊度嚟?
	néih hái bīn douh làih
I'm from…	我喺…嚟。
	ngóh hái…làih

For Numbers, see page 20.

PERSONAL

Who are you with?	你同邊個一齊嚟?
	néih tùhng bīn go yāt chàih làih
I'm here alone.	我一個人嚟嘅。
	ngóh yāt go yàhn làih

I'm with my…	我同我嘅…一齊嚟嘅。	
	ngóh tùhng ngóh ge… yāt chàih làih ge	
husband/wife	老公/老婆	
	lóu gūng/lóuh pòh	
boyfriend/girlfriend	男/女朋友	
	nàahm/néuih pàhng yáuh	
friend/colleague	朋友/同事	
	pàhng yáuh/tùhng sih	
When's your birthday?	你嘅生日係幾時?	
	néih ge sāang yaht haih géi sìh	
How old are you?	你幾大年紀?	
	néih géi daaih nìhn géi	
I'm…	我…	
	ngóh…	
Are you married?	你結咗婚未?	
	néih git jó fān meih a	
I'm…	我…	
	ngóh…	
single/in a relationship	單身/有固定朋友	
	dāan sān/yáuh gu dihng pàhng yáuh	
engaged/married	訂咗婚/結咗婚	
	dihng jó fān/git jó fān	

divorced/ separated	離咗婚/分咗居
	lèih jó fān/fān jó gēui
widowed	老公 m/老婆 f 過咗身
	lóuh gūng / lóuh pòh gwo jó sān
Do you have children/ grandchildren?	你有冇細蚊仔/孫仔?
	néih yáuh móuh sai mān jái/syūn jái

WORK & SCHOOL

What do you do?	你做乜野工作?
	néih jouh māt yéh gūng jok
What are you studying?	你學緊乜野?
	néih hohk gán māt yéh
I'm studying Chinese.	我學緊中文。
	ngóh hohk gán jūng màhn
I…	我…
	ngóh…
am a consultant	係一個顧問
	haih yāt go gu mahn
work full-time/ part-time	全職工作/兼職工作
	chyùhn jīk gūng jok/gīm jīk gūng jok
am unemployed	失咗業
	sāt jó yihp
work at home	喺屋企工作
	hái ngūk kéi gūng jok
Who do you work for?	你幫邊個工作?
	néih bōng bīn go gūng jok
I work for…	我幫…工作。
	ngóh bōng…gūng jok
Here's my business card.	呢張係我嘅咭片。
	nī jēung haih ngóh ge kāat pín

WEATHER

What's the forecast?	天氣預告點？
	tīn hei yuh gou dím
What beautiful/ terrible weather!	今日天氣真係好/唔好！
	gām yaht tīn hei jān haih hóu/m hóu
It's…	今日…
	gām yaht…
cool/warm	涼/暖
	lèuhng/nyúhn
cold/hot	凍/熱
	dung/yiht
rainy/sunny	落雨/好天
	lohk yúh/hóu tīn
snowy/icy	落雪/有冰
	lohk syut/yáuh bīng
Do I need a jacket/ an umbrella?	我需唔需要外套/遮？
	ngóh sēui m sēui yiu ngoih tou/jē

For Seasons, see page 28.

EXPLORING

GETTING AROUND	46
PLACES TO STAY	75
COMMUNICATIONS	92
SIGHTSEEING	102

GETTING AROUND

NEED TO KNOW

How do I get to...?	我點去…?	
	ngóh dím heui…	
Where's...?	…喺邊度?	
	…hái bīn douh	
the airport	機場	
	gēi chèuhng	
the train [railway] station	火車站	
	fó chē jaahm	
the bus station	巴士站	
	bā sí jaahm	
the subway [underground] station	地鐵站	
	deih tit jaahm	
How far is...?	…有幾遠?	
	…yáuh géi yúhn	
Where do I buy a ticket?	我喺邊度買飛?	
	ngóh hái bīn douh máaih fēi	

A one-way/ round-trip [return] ticket to…	一張去…嘅單程/雙程飛 *yāt jēung heui…ge dāan chìhng/ sēung chìhng fēi*
How much?	幾多錢？ *géi dō chín*
Which…?	邊…？ *bīn…*
gate	個閘口 *go jaahp háu*
line	條線 *tìuh sin*
platform	個月台 *go yuht tòih*
Where can I get a taxi?	我喺邊度可以搵到的士？ *ngóh hái bīn douh hó yíh wándóu dīk sí*
Take me to this address.	將我送到呢個地址。 *jēung ngóh sung dou nīgo deih jí*
Can I have a map?	我可唔可以買一張地圖？ *ngóh hó m̀ hó yíh máaih yāt jēung deih tòuh*

TICKETS

When's…to Tsimshatsui?	去尖沙咀嘅…係乜野時間？ *heui jīm sā jéui ge…haih māt yéh sìh gaan*
the (first) bus	（第一班）巴士 *(daih yāt bāan) bā sí*
the (next) flight	（下一班）飛機 *(hah yāt bāan) fēi gēi*
the (last) train	（最後一班）火車 *(jeui hauh yāt bāan) fó chē*

Where do I buy a ticket?	我喺邊度買飛？
	ngóh hái bīn douh máaih fēi
One ticket/two tickets, please.	唔該你畀一張/兩張飛我。
	m gōi néih béi yāt jēung/léuhng jēung fēi ngóh
For today/tomorrow.	要今日/聽日嘅。
	yiu gām yaht/tīng yaht ge
A...ticket.	一張⋯飛。
	yāt jēung...fēi
one-way	單程
	dāan chìhng
return-trip	雙程
	sēung chìhng
first class	頭等艙
	tàuh dáng chōng
business class	商務艙
	sēung mouh chōng
economy class	經濟艙
	gīng jai chōng
How much?	幾多錢？
	géi dō chín
Is there...discount?	⋯有冇折？
	...yáuh móuh jit

a child	細蚊仔
	sai mān jái
a student	學生
	hohk sāang
a senior citizen	老人
	lóuh yàhn
a tourist	遊客
	yàuh haak
The express bus/express train, please.	特快巴士/特快火車，唔該。
	dahk faai bā sih/dahk faai fó chē, m gōi
The local bus/train, please.	當地嘅巴士/火車，唔該。
	dōng deih ge bā sih/fó chē, m gōi
I have an e-ticket.	我有一張電子飛。
	ngóh yáuh yāt jēung dihn jí fēi
Can I buy a ticket on the bus/train?	我可唔可以喺巴士/火車上面買飛票?
	ngóh hó m hó yíh hái bā sí/fó chē seuhng mihn máaih fēi
Do I have to stamp the ticket before boarding?	我係唔係一定要上車前喺車票上蓋章?
	ngóh haih m haih yāt dihng yiu séuhng chē chìhn hái chē piu seuhng koi jēung
How long is this ticket valid?	呢張飛有效時間係幾耐?
	nī jēung fēi yáuh haauh sih gaan haih géi noih

Can I return on the same ticket?	我可唔可以用同一張飛返嚟？ *ngóh hó m hó yíh yuhng tùhng yāt jēung fēi fāan làih*
I'd like to… my reservation.	我想…我定嘅位。 *ngóh séung…ngóh dehng ge wái*
cancel	取消 *chéui sīu*
change	改變 *gói bin*
confirm	確認 *kok yihng*

For Days, see page 26.

AIRPORT TRANSFER

> Many U.S. and U.K. airlines have frequent flights to and from Hong Kong and other major cities in China. Internal flights are also available. Transportation from the airport to the downtown area is available at most international airports.
>
> If you plan on traveling throughout China, it is a good idea to make arrangements in advance. There are a few main tourist information offices that can help you to book tickets, hotels and flights: China International Travel Service (www.cits.net), China Travel Service (www.chinatravelservice.com) and China Youth Travel Sevice (www.chinayouthtravel.com). See page 103 for more.

How much is a taxi to the airport?	去機場坐的士要幾多錢？ *heui gēi chèuhng chóh dīk sí yiu géi dō chín*

YOU MAY SEE...

抵達 *dái daaht*	arrivals
離境 *lèih gíng*	departures
認領行李 *yihng líhng hàhng léih*	baggage claim
安全 *ngōn chyùhn*	security
國內航班 *gwok noih hòhng bāan*	domestic flights
國際航班 *gwok jai hòhng bāan*	international flights
辦理登機手續 *baahn léih dāng gēi sáu juhk*	check-in
辦理電子登機手續 *baahn léih dihn jí dāng gēi sáu juhk*	e-ticket check-in
登機口 *dāng gēi háu*	departure gates

To...Airport, please.	唔該你帶我去…機場。 *m gōi néih daai ngóh heui... gēi chèuhng*
My airline is...	我嘅航空公司係… *ngóh ge hòhng hūng gūng sī haih...*
My flight leaves at...	我嘅航班…起飛 *ngóh ge hòhng bāan...héi fēi*
I'm in a rush.	我依家趕時間。 *ngóh yìh gā gón sìh gaan*
Can you take an alternate route?	你可唔可以行第二條路？ *néih hó m hó yíh hàahng daih yih tìuh louh*

Can you drive faster/ 你可唔可以揸快/慢啲?
slower? néih hó m hó yíh jā
faai/maahn dī

For Time, see page 25.

YOU MAY HEAR...

你坐邊間航空公司嘅班機? — What airline are you flying?
néih chóh bīn gāan hòhng hūng gūng sī ge bāan gēi

國內定係國際航班? — Domestic or international?
gwok noih dihng haih gwok jai hòhng bāan

邊一個候機大堂? — What terminal?
bīn yāt go hauh gēi daaih tòhng

CHECKING IN

Where's check-in?	喺邊度辦理登機手續?
	hái bīn douh baahn léih dāng gēi sáu juhk
My name is…	我叫…
	ngóh giu…
I'm going to…	我要去…
	ngóh yiu heui…
I have…	我有…
	ngóh yáuh…
one suitcase	一個行李箱
	yāt go hàhng léih sēung
two suitcases	兩個行李箱
	léuhng go hāhng léih sēung

one piece of hand luggage	一件隨身行李	*yāt gihn chèuih sān hàhng léih*
How much luggage is allowed?	可以帶幾件行李？	*hó yíh daai géi gihn hàhng léih*
Is that pounds or kilos?	係英磅定係公斤？	*haih yīng bóng dihng haih gūng gān*
Which terminal/gate?	邊個候機大堂/登機口？	*bīngo hauh gēi daaih tòhng/dāng gēi háu*
I'd like a window/an aisle seat.	我想要窗口/路口位。	*háu/louh háu wái ngóh séung yiu chēung*
When do we leave/arrive?	我哋幾點離開/到？	*ngóh deih géi dím lèih hōi/dou*
Is the flight delayed?	飛機係唔係遲咗？	*fēi gēi haih m̀ haih chìh jó*
How late?	有幾遲？	*yáuh géi chìh*

YOU MAY HEAR…

下一個！
hah yāt go

唔該你出示護照/機票。
m gōi néih chēut sih wuh jiu/gēi piu

你有冇行李寄艙？
néih yáuh móuh hàhng léih gei chōng

嗰件隨身行李太大。
gó gihn chèuih sān hàhng léih taai daaih

你係唔係自己打包？
néih haih m haih jih géi dá bāau

有冇人俾嘢你拎？
yáuh móuh yàhn béi yéh néih līng

唔該除鞋。
m gōi chèuih hàaih

依家…登機。
yìhgā…dāng gēi

Next!

Your passport/ticket, please.

Are you checking any luggage?

That's too large for a carry-on [piece of hand-luggage].

Did you pack these bags yourself?

Did anyone give you anything to carry?

Take off your shoes.

Now boarding…

LUGGAGE

Where is/are…?	…喺邊度？
	…hái bīn douh
the luggage trolleys	手推車
	sáu tēui chē
the luggage lockers	行李暫存箱
	hàhng léih jaahm chyùhn sēung
the baggage claim	認領行李
	yihng líhng hàhng léih

My luggage has been lost/stolen.	我嘅行李唔見咗/畀人偷咗。 *ngóh ge hàhng léih m gin jó/béi yàhn tāu jó*
My suitcase is damaged.	我嘅手提箱畀人整壞咗。 *ngóh ge sáu tàih sēung béi yàhn jíng waaih jó*

FINDING YOUR WAY

Where is/are...?	…喺邊度？ *...hái bīn douh*
the currency exchange	換錢 *wuhn chín*
the car hire	租車 *jōu chē*
the exit	出口 *chēut háu*
the taxis	的士 *dīk sí*
Is there...to Guangzhou?	有冇去廣州嘅…？ *yáuh móuh heui gwóng jāu ge...*
a bus	巴士 *bā sí*

56 • EXPLORING

a train	火車
	fó chē
a subway	地鐵
[underground]	*deih tit*

For Asking Directions, see page 70.

TRAIN

YOU MAY SEE...

月台	platforms
yuht tòih	
信息	information
seuhn sīk	
預定	reservations
yuh dehng	
候車室	waiting room
hauh chē sāt	
抵達	arrivals
dái daaht	
離開	departures
lèih hōi	

Where's the train [railway] station?	火車站喺邊度？
	fó chē jaahm hái bīn douh
How far is...?	…有幾遠？
	...yáuh géi yúhn
Where is/are...?	…喺邊度？
	...hái bīn douh
the ticket office	售票處
	sauh piu chyu

the information desk	訊問處 *sēun mahn chyu*
the luggage lockers	行李暫存箱 *hàhng léih jaahm chyùhn sēung*
the platforms	月台 *yuht tòih*
Can I have a schedule [timetable]?	畀一張時間表我好唔好？ *béi yāt jēung sìh gaan bíu ngóh hóu m hóu*
How long is the trip?	要幾耐時間？ *yiu géi noih sìh gaan*
Is it a direct train?	係唔係直到？ *haih m haih jihk dou*
Do I have to change trains?	我使唔使轉車？ *ngóh sái m sái jyun chē*
Is the train on time?	火車準唔準時？ *fó chē jéun m jéun sìh*

For Tickets, see page 47.

DEPARTURES

China has a vast rail network and you can travel by train to almost every Chinese city and town. There are different types of train services available: 快車 *faai chē* (express), 慢車 *maahn chē* (regular) and 直達 *jihk daaht* (non-stop). There are five classes of seats: hard seat, soft seat, hard sleeper, soft sleeper and standing. Buy a ticket at the train station or from one of the ticket offices located throughout the major cities. Before boarding, have your ticket validated by an attendant at the station. There may be machines to validate your tickets in the larger cities.
In addition to extensive rail service, Hong Kong, Shenzhen and Guangzhou also have subway systems. Buy your ticket at the subway station from a vending machine and validate it at the ticket machine.

Which track [platform] to…?	邊個月台去…? *bīn go yuht tòih heui…*
Is this the track [platform]/ train to…?	呢個係唔係去…嘅月台/火車? *nī go haih m haih heui…ge yuht tòih/ fó chē*

Where is track [platform]...?	...月台喺邊度？ ...yuht tòih hái bīn douh
Where do I change for...?	我點樣轉車去…？ ngóh dím yéung jyun chē heui…

ON BOARD

Can I sit here/open the window?	我可唔可以坐喺呢度/打開窗？ ngóh hó m hó yíh chóh hái nī douh/ dá hōi chēung
That's my seat.	嗰個係我嘅位。 gó go haih ngóh ge wái
Here's my reservation.	我訂咗呢個位。 ngóh dehng jó nī go wái

YOU MAY HEAR…

請大家上車！ chéng daaih gā séuhng chē	All aboard!
唔該車飛。 m gōi chē fēi	Tickets, please.
你要喺九龍堂轉車。 néih yiu hái gáu lùhng tòhng jyun chē	You have to change at Kowloon Tong.
下一站係尖沙咀。 hah yāt jaahm haih jīm sā jéui	Next stop, Tsim Sha Tsui.

BUS

Where's the bus station?	車站喺邊度？
	chē jaahm hái bīn douh
How far is it?	有幾遠？
	yáuh géi yúhn
How do I get to…?	我點樣去…？
	ngóh dím yéung heui…
Is this the bus to…?	呢架係唔係去…嘅巴士？
	nī ga haih m haih heui…ge bā sí
Can you tell me when to get off?	你可唔可以話畀我知幾時落車？
	néih hó m hó yíh wah béi ngóh jī géi sìh lohk chē
Do I have to change buses?	我使唔使轉巴士？
	ngóh sái m sái jyun bā sí
How many stops to…?	到…有幾多個站？
	dou…yáuh géi dō go jaahm
Stop here, please!	唔該喺呢度停車！
	m gōi hái nī douh tìhng chē

For Tickets, see page 47.

YOU MAY SEE…

巴士站	bus stop
bā sí jaahm	
唔該有落	request stop
m̀h gōi yáuh lohk	
上車/落車	enter/exit
séuhng chē/lohk chē	
車票蓋章	stamp your ticket
chē piu koi jēung	

There are three kinds of bus systems in China: public buses for city transportation, tourist buses for sightseeing and long-distance buses for travel outside of town. Most buses run from 6:00 a.m. to 11:00 p.m daily. In major cities, you can purchase a monthly discounted pass for public buses. Tourist buses, which are available in major cities, may offer flexible fares (especially for groups) so be sure to negotiate with the driver. Long-distance buses in China service practically every small town, including those in remote regions not accessible by train or plane. There is a bus station in almost every town, big and small, where you can buy tickets and find information on schedule, fares and routes. For public and long-distance buses, have your ticket validated by an attendant before boarding. In Hong Kong, you can also pay the fare when you get on the bus or you can buy a prepaid card, 八達通 *baat daaht tūng* (also known as an octopus card), at train and subway stations; these 'octopus' cards can be used on all types of public transportation throughout the city.

SUBWAY

Where's the subway [underground] station?	地鐵站喺邊度？ *deih tit jaahm hái bīn douh*
A map, please.	唔該畀一張地圖我。 *m gōi béi yāt jēung deih tòuh ngóh*
Which line for…?	邊條線去…？ *bīn tìuh sin heui…*
Which direction?	邊個方向？ *bīn go fōng heung*
Do I have to transfer [change]?	我使唔使轉地鐵？ *ngóh sái m sái jyun deih tit*
Is this the subway [underground] to…?	呢架地鐵去唔去…？ *nī ga deih tit heui m heui…*
How many stops to…?	到…有幾多個站？ *dou…yáuh géi dō go jaahm*
Where are we?	我哋喺邊度？ *ngóh deih hái bīn douh*

For Finding your Way, see page 55.

Major cities in China, including Hong Kong, Guangzhou and Shenzhen, have subway systems. You can purchase one-trip tickets and discounted monthly passes at subway stations; some cities may also offer daily and/or weekend tickets. The ticket booth attendants can provide information on operation times, routes and fares. At some stations, you simply pay and enter; at others, you buy a ticket and have it validated by an attendant before boarding. Large cities often have validation machines. Maps are available from the ticket booth, usually for a fee.

BOAT & FERRY

YOU MAY SEE…

救生船	life boat
gau sāng syùhn	
救生衣	life jacket
gau sāng yī	

When is the ferry to…?	去…嘅渡輪係乜野時間？
	heui… ge douh lèuhn haih māt yéh sìh gaan
Where are the life jackets?	救生衣喺邊度？
	gau sāng yī hái bīn douh
Can I take my car?	我可唔可以攞我部車？
	ngóh hó m hó yíh ló ngóh bouh chē
What time is the next sailing?	下一班船幾點？
	hah yāt bāan syùhn géi dím
Can I book a seat/cabin?	我可唔可以預訂一個座位/艙位？
	ngóh hó m hó yíh yuh dehng yāt go joh waih/chōng waih
How long is the crossing?	航道有幾長？
	hòhng douh yáuh géi chèuhng

There is regular ferry and boat service between large coastal cities of China as well as along rivers, particularly the Chang Jiang (Yangzi) and Zhu Jiang (Pearl) but not the Huang He (Yellow). Some islands in Guangdong are accessible by ferry. Check with a travel agent or the local ferry terminal for schedules, routes and fares.

There is regular ferry service between Hong Kong island and Kowloon. The Hong Kong ferry is a main tourist attraction because of the renowned night scenery, which includes views of the coastal area of Hong Kong island and Kowloon pennisula. There is also regular ferry service between Hong Kong island and nearby outlying islands.

TAXI

Where can I get a taxi?	我喺邊度可以叫的士？
	ngóh hái bīndouh hó yíh giu dīk sí
Can you send a taxi?	你可唔可以派部的士？
	néih hó m hó yíh paai bouh dīk sih

的士
TAXI

Do you have the number for a taxi?	你有冇的士公司電話？
	néih yáuh móuh dīk sí gūng sī dihn wá
I'd like a taxi now/ for tomorrow at…	我宜家/聽日喺…想叫的士。
	ngóh yìh gā/tīng yaht hái…séung giu dīk sí
Pick me up at…	喺…接我。
	hái…jip ngóh
I'm going to…	我要去…
	ngóh yiu heui…
this address	呢個地址
	nī go deih jí
the airport	機場
	gēi chèuhng
the train [railway] station	火車站
	fó chē jaahm
I'm late.	我遲咗。
	ngóh chìh jó
Can you drive faster/ slower?	你可唔可以開快/慢啲？
	néih hó m hó yíh hōi faai/maahn dī
Stop/Wait here.	喺呢度停車/等我。
	hái nī douh tìhng chē/dáng ngóh
How much?	幾多錢？
	géi dō chín
You said it would cost…	你講過要…
	néih góng gwo yiu…
Can I have a receipt?	我可唔可以要收據？
	ngóh hó m hó yíh yiu sāu geui
Keep the change.	唔使找喇。
	m sái jáau la

YOU MAY HEAR...

去邊度？	Where to?
heui bīn douh	
地址係乜野？	What's the address?
deih jí haih māt yéh	
有夜間/機場附加費。	There's a nighttime/airport surcharge.
yáuh yeh gāan/gēi chèuhng fuh ga fai	

Taxi service in Hong Kong and most other main cities in China is usually meter-based; in smaller towns or in the countryside, you may need to negotiate a flat fee with the driver. Hail a taxi on the street by raising your arm or from a taxi stand, recognizable by a TAXI sign. There is usually no surcharge for luggage, but a nighttime surcharge may apply. Tipping the taxi driver is not usual in China, but will be happily accepted.

BICYCLE & MOTORBIKE

I'd like to hire a bicycle/motorcycle.	我想租一架單車/一架電單車。 *ngóh séung jōu yāt ga dāan chē/yāt ga dihn dāan chē*
I'd like to hire a moped.	我想租部電單車。 *ngóh séung jōu bouh dihn dāan chē*
How much per day/ week?	一日/個星期幾多錢? *yāt yaht/go sīng kèih géi dō chín*
Can I have a helmet/ lock?	我可唔可以買一個頭盔/一把鎖? *ngóh hó m hó yíh máaih yāt go tòuh kwāi/ yāt bá só*

Cycling is a popular method of transportation throughout China. Bicycles can be rented in many Chinese towns, either at hotels or bicycle shops. To avoid parking fines and to minimize the risk of having the bicycle stolen, park the bicycle at guarded parking spaces for a small fee. In Hong Kong, cycling is mainly for recreational purposes. Since the traffic in Hong Kong is extremely busy, it is dangerous to ride bicycles within congested city areas.

CAR HIRE

Where's the car hire?	喺邊度租車? *hái bīn douh jōu chē*
I'd like…	我想要… *ngóh séung yiu…*
a cheap/small car	一架平啲/細啲嘅車 *yāt ga pèhng dī/sai dī ge chē*

> Car rental agencies are available only in major cities for driving within the city limits. You can, however, hire a driver for a few hours, a day or longer at a rate that you can negotiate. Talk to your hotel concierge about safe rental options.

an automatic/ a manual	手波/自動波 *sáu bō/jih duhng bō*
air conditioning	冷氣 *láahng hei*
a car seat	兒童安全座位 *yìh túhng ngō chyùhn joh wái*
How much…?	…幾多錢？ *…géi dō chín*
per day/week	每日/個星期 *múih yaht/go sīng kèih*
per kilometer	每公里 *múih gūng léíh*
for unlimited mileage	不限里程 *bāt haahn léih chìhng*
with insurance	有保險 *yáuh bóu hím*
Are there any discounts?	有冇折？ *yáuh móuh jit*

YOU MAY HEAR...

你有冇國際車牌？
néih yáuh móuh gwokjai chē pààih
Do you have an international driver's license?

唔該你出示你嘅護照。
m gōi néih chēut sih néih ge wuhtjiu
Your passport, please.

你想唔想買保險？
néih séung m séung máaih bóu hím
Do you want insurance?

我需要按金。
ngóh sēui yiu ngon gām
I'll need a deposit.

喺呢度簽你嘅名。
hái nī douh chīm néih ge méng
Sign here.

FUEL STATION

Where's the fuel station?	油站喺邊度？ *yàuh jaahm hái bīn douh*
Fill it up.	唔該入滿。 *m gōi yahp múhn*
… euros, please.	⋯ 歐元，唔該。 *...áu yùhn, mh gōi*
I'll pay in cash/by credit card.	我用現金/信用卡畀錢。 *ngóh yuhng yihn gām/seun yuhng kāat béi chín*

YOU MAY SEE...

汽油 *hei yàuh*	gas [petrol]
有鉛 *yáuh yùhn*	leaded
無鉛 *mòuh yùhn*	unleaded
普通 *póu tūng*	regular
超級 *chīu kāp*	super
優質 *yāu jāt*	premium
柴油 *chàaih yàuh*	diesel
自助服務 *jih joh fuhk mouh*	self-service
全面服務 *chyùhn mihn fuhk mouh*	full-service

ASKING DIRECTIONS

Is this the way to...?	呢度係唔係去…嘅路？ *nī douh haih m haih heui...ge louh*
How far is it to...?	去…有幾遠？ *heui...yáuh géi yúhn*
Where's...?	…喺邊度？ *...hái bīn douh*
...Street	…街 *...gāai*

YOU MAY HEAR...

一直向前 *yāt jihk heung chìhn*	straight ahead
左邊 *jó bīn*	left
右邊 *yauh bī*	right
喺/轉過街角 *hái/jyun gwo gāai gok*	on/around the corner
對面 *deui mihn*	opposite
後面 *hauh mihn*	behind
旁邊 *pòhng bīn*	next to
後 *hauh*	after
北/南 *bāk/nàahm*	north/south
東/西 *dūng/sāi*	east/west
喺交通燈嗰度 *hái gāau tūng dāng gó douh*	at the traffic light
喺十字路口 *hái sahp jih louh háu*	at the intersection

this address	呢個地址 *nī go deih jí*
the highway [motorway]	高速公路 *gōu chūk gūng louh*

72 • EXPLORING

Can you show me on the map?
néih hó m hó yíh hái deih tòuh seuhng mihn jí béi ngóh tái

I'm lost.
我盪失路。
ngóh dohng sāt louh

YOU MAY SEE...

停 *tìhng*	stop
讓 *yeuhng*	yield [give way]
不准駛入 *bāt jéun sái yahp*	do not enter
禁區 *gam kēui*	restricted area
進入 *jeun yahp*	enter
轉左 *jyun jó*	turn left
轉右 *jyun yauh*	turn right
停車場 *tìhng chē chèuhng*	parking lot [car park]
入口 *yahp háu*	entrance
出口 *chēut háu*	exit
行人路 *hàahng yàhn louh*	pedestrian road

PARKING

Can I park here?	我可唔可以停喺呢度？	
	ngóh hó m hó yíh tìhng hái nī douh	
Where's...?	...喺邊度？	
	...hái bīn douh	
the parking garage	車房	
	chē fòhng	
the parking lot [car park]	停車場	
	tìhng chē chèuhng	
the parking meter	停車計時器	
	tìhng chē gai sìh hei	
How much...?	幾多錢...？	
	géi dō chín...	
per hour	每個鐘頭	
	múih go jūng tàuh	
per day	每日	
	múih yaht	
overnight	通宵	
	tūng sīu	

BREAKDOWN & REPAIR

My car broke down/ won't start. Can you fix it?	我嘅車壞咗/唔行得。 *ngóh ge chē waaih jó/m hàahng dāk* 你可唔可以整好？ *néih hó m hó yíh jíng hóu*
When will it be ready? How much?	幾時可以整好？ *géi sìh hó yíh jíng hóu* 幾多錢？ *géi dō chín*
I have a puncture/ flat tyre (tire).	我嘅車胎穿／爆咗。 *ngóh ge chē tāi chyūn /baau jó*

ACCIDENTS

There was an accident. Call an ambulance/ the police.	有意外。 *yáuh yi ngoih* 打電話叫一架救護車/警察。 *dá dihn wá giu yāt ga gau wuh chē/ gíng chaat*

For Police, see page 155.

EXPLORING • 75

PLACES TO STAY

NEED TO KNOW

Can you recommend a hotel?	你可唔可以推薦一間酒店？ *néih hó m hó yíh tēui jin yāt gāan jáu dim*
I have a reservation.	我定咗房。 *ngóh dehng jó fóng*
My name is…	我嘅名係… *ngóh ge méng haih…*
Do you have a room…?	有冇…嘅房間？ *yáuh móuh…ge fòhnggāan*
for one/two	一/兩個人 *yāt/léuhng go yàhn*
with a bathroom	有沖涼房 *yáuh chūng lèuhng fóng*
with air--conditioning	有冷氣 *yáuh láahng hei*
For…	住… *jyuh…*
tonight	今晚 *gām máahn*
two nights	兩晚 *léuhng máahn*
one week	一個星期 *yāt go sīng kèih*
How much?	幾多錢？ *géi dō chín*
Is there anything cheaper?	有冇平啲嘅？ *yáuh móuh pèhng dī ge*

When's check-out?	幾點退房？ *géi dím teui fóng*
Can I leave these in the safe?	我可唔可以將呢啲野留喺保險箱？ *ngóh hó m hó yíh jēung nī dī yéh láuh hái bóu hím sēung*
Can I leave my bag?	我可唔可以將呢個袋留低？ *ngóh hó m hó yíh jēung nī go dói làuh dāi*
I'll pay in cash/by credit card.	我用現金/信用卡畀錢。 *ngóh yuhng yihn gām/seun yuhng kāat béi chín*
Can I have my receipt?	可唔可以畀收據我？ *hó m hó yíh béi sāu geui ngóh*

SOMEWHERE TO STAY

Can you recommend…?	你可唔可以介紹…？ *néih hó m hó yíh gaai siuh…*
a hotel	一間酒店 *yāt gāan jáu dim*

Can you recommend…?	你可唔可以介紹…？
	néih hó m hó yíh gaai siuh…
a hostel	一間旅舍
	yāt gāan léuih se
a campsite	一個營地
	yāt go yìhng deih
a bed and breakfast	一間有早餐嘅酒店
	yāt gāan yáuh jóu chāan ge jáu dim
What is it near?	呢度離邊度近？
	nī douh lèih bīn douh káhn
How do I get there?	我點去嗰度呢？
	ngóh dím heui gó douh nē

AT THE HOTEL

I have a reservation.	我訂咗。
	ngóh dehng jó
My name is…	我嘅名係…
	ngóh ge méng haih…
Do you have a room…?	有冇…嘅房？
	yáuh móuh…ge fóng
with a bathroom	有沖涼房
	yáuh chūng lèuhng fóng
with a toilet	有洗手間
	yáuh sái sáu gāan
with a shower	沖涼房
	chūng lèuhng fóng
with air--conditioning	有冷氣
	yáuh láahng hei
that's smoking/non-smoking	嗰間係吸煙/非吸煙房
	gó gāan haih kāp yīn/fēi kāp yīn fóng
For…	住…
	jyuh…

tonight	今晚
	gām máahn
two nights	兩晚
	léuhng máahn
a week	一個星期
	yāt go sīng kèih
Do you have...?	你有冇…?
	néih yáuh móuh…
a computer	電腦
	dihn nouh
an elevator [a lift]	電梯
	dihn tāi
(wireless) internet service	（無線）互聯網服務
	(mòuh sin) wuh lyùhn móhng fuhk mouh
room service	客房送餐服務
	haak fóng sung chāan fuhk mouh
a TV	電視機
	dihn sih gēi
a pool	游泳池
	yàuh wihng chìh
a gym	健身房
	gihn sān fóng
I need...	我需要…
	ngóh sēui yiu…
an extra bed	加床
	gā chòhng
a cot	一張BB床
	yāt jēung bìh bī chòhng
a crib	一個搖籃
	yāt go yìuh láam

PRICE

How much per night/week?	每晚/星期幾多錢？ *múih máahn/sīng kèih géi dō chín*
Does that include breakfast/sales tax [VAT]?	包唔包早餐/銷售稅？ *bāau m bāau jóu chāan/ sīu sauh seui*
Are there any discounts?	有冇折？ *yáuh móuh jit*

YOU MAY HEAR...

唔該你出示你嘅護照/信用卡。
m gōi néih chēut sih néih ge wuh jiu/ seun yuhng kāat
填好呢份表格。
tìhn hóu nī fahn bíu gaak
喺呢度簽名。
hái nī douh chīm méng

Your passport/ credit card, please.
Fill out this form.

Sign here.

PREFERENCES

Can I see the room?	我可唔可以睇吓間房？
	ngóh hó m hó yíh tái háh gāan fóng
I'd like...room.	我想要一間…嘅房。
	ngóh séung yiu yāt gāan...ge fóng
a better	好啲
	hóu dī
a bigger	大啲
	daaih dī
a cheaper	平啲
	pèhng dī
a quieter	靜啲
	jihng dī
I'll take it.	我要呢間房。
	ngóh yiu nī gāan fóng
No, I won't take it.	唔要，我唔要呢間房。
	m yiu ngóh m yiu nī gāan fóng

QUESTIONS

Where's...?	…喺邊度？
	...hái bīn douh
the bar	酒吧
	jáu bā
the bathroom [toilet]	浴室
	yuhk sāt
the elevator [lift]	電梯
	dihn tāi
Can I have...?	我可唔可以要…？
	ngóh hó m hó yíh yiu...

Hotels, 酒店 *jáu dim*, in China range from budget to luxury. Many quality hotels belong to international chains with service and prices to match. Larger hotels may feature an English-speaking service attendant who holds room keys, handles laundry, sells cigarettes, snacks, drinks and postcards and offers general assistance. If available, postal, phone and foreign exchange services are usually located on the first floor. In general, hotels are ranked from three to five stars and most add on a 10-15% service charge. It's best to look for places to stay in advance, especially if you plan on visiting China during the prime tourist months of May, September and October.

Worth mentioning are the famous, well-preserved hotels dating from colonial times: Peninsula Hotel Hong Kong, Island Shang-ri-la Hong Kong, Garden Hotel Guangzhou and White Swan Guangzhou. Reservations for these must be made well in advance.

an iron	一個熨斗	
	yāt go tong dáu	
the room key/ key card	房間鎖匙/鎖匙卡	
	fòhng gāan só sìh/só sìh kāat	
a pillow	一個枕頭	
	yāt go jám tàuh	
soap	一舊番鹼	
	yāt gauh fāan gáan	
toilet paper	廁紙	
	chi jí	
a towel	一條毛巾	
	yāt tìuh mòuh gān	
a blanket	一張毯	
	yāt jēung jīn	

YOU MAY SEE...

推/拉 *tēui/lāai*	push/pull
沖涼房 *chūng lèuhng fóng*	restroom [toilet]
花灑 *fā sá*	shower
電梯 *dihn tāi*	elevator [lift]
樓梯 *làuh tāi*	stairs
洗衣 *sái yī*	laundry
請勿打擾 *chíng maht dá yíu*	do not disturb
防火門 *fòhng fó mùhn*	fire door
(緊急)出口 *(gán gāp) chēut háu*	(emergency) exit
電話叫醒 *dihn wá giu séng*	wake-up call

Do you have an adapter for this?	你有冇呢個火牛？ *néih yáuh móuh nī go fó ngàuh*
How do I turn on the lights?	我點樣開燈？ *ngóh dím yéung hōi dāng*
Can you wake me at…?	你可唔可以⋯叫醒我？ *néih hó m hó yíh…giu séng ngóh*
Can I leave these in the safe?	我可唔可以將呢啲野留喺保險箱？ *ngóh hó m hó yíh jēung nī dī yéh làuh hái bóu hím sēung*

Is there mail [post]/ a message for me?	有冇郵件/留言畀我？ *yáuh móuh yàuh gín/làuh yìhn béi ngóh*
What time do you lock up?	幾點鎖門？ *géi dím só mùhn*
Do you have a laundry service?	你哋有冇洗衫服務？ *néih deih yáuh móuh sái sāam fuhk mouh*

PROBLEMS

There's a problem.	有問題。 *yáuh mahn tàih*
I lost my key/ key card.	我唔見咗鎖匙/鎖匙卡。 *ngóh m gin jó só sìh/só sìh kāat*
I've locked my key/ key card in the room.	我嘅鑰匙/鑰匙卡鎖咗入房。 *ngóh ge só sīh/só sīh kā só jó yahp fóng.*
There's no hot water/ toilet paper.	冇熱水/廁紙。 *móuh yiht séui/chi jí*
The room is dirty.	房好烏糟。 *fóng hóu wū jōu*
There are bugs in the room.	房有蟲。 *fóng yáuh chùhng*

...doesn't work.	…唔得。 *…m dāk*
Can you fix...?	你可唔可以整…？ *néih hó m hó yíh jíng…*
the air conditioning	冷氣 *láahng hei*
the fan	風扇 *fūng sin*
the heat	暖氣 *nyúhn hei*
the light	燈 *dāng*
the TV	電視 *dihn sih*
the toilet	洗手間 *sái sáu gāan*
I'd like another room.	我想換房。 *ngóh séung wuhn fóng*

> The voltage used in China is 220. You will need an adapter for any appliances and electronics brought into the country.

CHECKING OUT

When's check-out?	幾點退房？ *géi dím teui fóng*
Can I leave my bag here until...?	我可唔可以將個袋留喺呢度…？ *ngóh hó m hó yíh jēung go dói làuh hái nī douh…*

Can I have an itemized bill/ a receipt?	你可唔可以畀一張詳細帳單/收據我？ *néih hó m hó yíh béi yāt jēung chèuhng sai jeung dāan/sāu geui ngóh*
I think there's a mistake.	我認為錯咗。 *ngóh yihng wàih cho jó*
I'll pay in cash/ by credit card.	我用現金/信用卡畀錢。 *ngóh yuhng yihn gām/seun yuhng kāat béi chín*

For Time, see page 25.

RENTING

I reserved an apartment/a room.	我訂咗一個單位/一間房。 *ngóh dehng jó yāt go dāan wái/ yāt gāan fóng*
My name is…	我嘅名係… *ngóh ge méng haih…*
Can I have the key/key card ?	可唔可以畀鎖匙/鎖匙卡我？ *hó m hó yíh béi só sìh/só sìh kāat ngóh*
Are there…?	有冇…？ *yáuh móuh…*
dishes	碟 *díp*
pillows	枕頭 *jám tàuh*
sheets	床單 *chòhng dāan*
towels	毛巾 *mòuh gān*
utensils	餐具 *chāan geuih*

86 • EXPLORING

When do I put out the bins/recycling?	我幾時倒垃圾/回收垃圾？ *ngóh géi sìh dóu laahp saap/wùih sāu laahp saap*
…is broken.	…壞咗。 *…waaih jó*
Can you fix…?	你可唔可以整…？ *néih hó m hó yíh jíng…*
the air conditioner	冷氣 *láahng hei*
the dishwasher	洗碗機 *sái wún gēi*
the freezer	雪櫃 *syut gwaih*
the heater	暖氣 *nyúhn hei*
the microwave	微波爐 *mèih bō lòuh*
the refrigerator	冰箱 *bīng sēung*
the stove	爐 *lòuh*
the washing machine	洗衣機 *sái yī gēi*

DOMESTIC ITEMS

I need…	我需要… *ngóh sēui yiu…*
an adapter	一個火牛 *yāt go fó ngàuh*
aluminum foil	錫紙 *sehk jí*

a bottle opener	瓶瓶器
	hōi pìhng hei
a broom	一把帚把
	yāt bá sou bá
a can opener	罐頭刀
	gun táu dōu
cleaning supplies	清潔用品
	chīng git yuhng bán
a corkscrew	開酒器
	hōi jáu hei
detergent	清潔劑
	chīng git jāi
dishwashing liquid	洗潔精
	sái git jīng
bin bags	垃圾袋
	laahp saap dói
a lightbulb	一個燈膽
	yāt go dāng dáam
matches	一啲火柴
	yāt dī fó chàaih
a mop	一個拖板
	yāt go tō báan

napkins	一啲餐巾
	yāt dī chāan gān
paper towels	紙巾
	jí gān
plastic wrap [cling film]	保鮮紙
	bóu sīn jí
a plunger	泵
	bām
scissors	一把較剪
	yāt bá gaau jín
a vacuum cleaner	一架吸塵機
	yāt ga kāp chàhn gēi

For In the Kitchen, see page 204.

AT THE HOSTEL

Is there a bed available?	有冇床？
	yáuh móuh chòhng
Can I have…?	可唔可以畀⋯我？
	hó m hó yíh béi…ngóh
a single/ double room	一間單人/雙人房
	yāt gāan dāan yàhn/sēung yàhn fóng
a blanket	一張毯
	yāt jēung jīn
a pillow	一個枕頭
	yāt go jám tàuh
sheets	床單
	chòhng dāan
a towel	一條毛巾
	yāt tìuh mòuh gān
Do you have lockers?	有冇衣櫃？
	yáuh móuh yī gwaih

When do you lock up?	幾點鎖門？ *géi dím só mùhn*
Do I need a membership card?	使唔使會員證？ *sái m sái wúih yùhn jing*
Here's my International Student Card.	呢個係我嘅國際學生證。 *nī go haih ngóh ge gwok jai hohk sāang jing*

Hostels in China provide inexpensive accommodation options. Beds in dorm-style rooms are the least costly choice; private rooms ranging from singles to rooms for six or more may also be available but will usually need to be reserved in advance. Be prepared to pay in cash at hostels and other budget accommodations; credit cards are often not accepted, especially at locations in small towns. Hostels in China associated with Hostelling International accept online reservations; these often offer internet service and more. Visit the Hostelling International website at www.hihostels.com for details.

GOING CAMPING

Can I camp here?	我可唔可以喺呢度露營？
	ngóh hó m hó yíh hái nī douh louh yìhng
Where's the campsite?	營地喺邊度？
	yìhng deih hái bīn douh
What is the charge per day/week?	每日/星期幾多錢？
	múih yaht/sīng kèih géi dō chín
Are there…?	有冇…？
	yáuh móuh…
cooking facilities	烹飪設施
	pāang yahm chit sī
electric outlets	電掣
	dihn jai
laundry facilities	洗衣設施
	sái yī chit beih
showers	花灑
	fā sá
tents for hire	出租嘅帳篷
	chēut jōu jeung fùhng

For In the Kitchen, see page 204.

YOU MAY SEE...

飲用水	drinking water
yám yuhng séui	
禁止野營	no camping
gam jí yéh yìhng	
禁止生火/燒烤	no fires/
gam jí sāng fó/sīu hāau	barbecues

Camping is fairly uncommon in China; most campsites are located near a nature preserve or other attractions. Check with your travel agent or the concierge at your hotel for more information.

COMMUNICATIONS

NEED TO KNOW

Where's an internet cafe?	網吧喺邊度？ *móhng bā hái bīn douh*
Can I access the internet/check e-mail?	我可唔可以上網/查電子郵件？ *ngóh hó m hó yíh séung móhng/chàh dihn jí yáuh gín*
How much per hour/half hour?	每個/半個鐘頭幾多錢？ *múih go/bun go jūng tàuh géi dō chín*
How do I connect/log on?	我點樣上網？ *ngóh dím yéung séuhng móhng*
A phone card, please.	唔該畀一張電話卡我。 *m gōi béi yāt jēung dihn wá kāat ngóh*
Can I have your phone number?	可唔可以畀你嘅電話號碼我？ *hó m hó yíh béi néih ge dihn wá houh máh ngóh*
Here's my number/e-mail.	呢個係我嘅電話號碼/電郵地址。 *nī go haih ngóh ge dihn wá houh máh/dihn yàuh deih jí*
Call/E-mail me.	打電話/發電郵畀我。 *dá dihn wá/faat dihn yàuh béi ngóh*
Hello. This is…	你好，我係… *néih hóu ngóh haih…*
Can I speak to…?	我可唔可以同…傾？ *ngóh hó m hó yíh tùhng…kīng*
Can you repeat that?	你可唔可以重複一次？ *néih hó m hó yíh chùhng fūk yāt chi*
I'll call back later.	我等一陣再打電話嚟。 *ngóh dáng yāt jahn joi dá dihn wá làih*

Bye.	再見。
	joi gin
Where's the post office?	郵局喺邊度？
	yàuh gúk hái bīn douh
I'd like to send these to…	我想將呢啲嘢送到…
	ngóh séung jēung nī dī yéh sung dou…

ONLINE

Where's an internet cafe?	網吧喺邊度？
	móhng bā hái bīn douh
Does it have wireless internet?	有冇無線上網？
	yáuh móuh mòuh sin séung móhng
What is the WiFi password?	無線網絡嘅密碼係乜野？
	mòuh sin móhng lohk ge maht máh haih māt yéh
Is the WiFi free?	無線網絡係唔係免費嘎？
	mòuh sin móhng lohk haih m haih míhn fai gàh
Do you have bluetooth?	你有冇藍牙？
	néih yáuh móuh làahm ngàh
How do I turn the computer on/off?	點樣開/關電腦？
	dím yéung hōi/gwāan dihn nouh
Can I…?	我可唔可以…？
	ngóh hó m hó yíh…
access the internet	上網
	séuhng móhng
check e-mail	查電郵
	chàh dihn yàuh

print	列印
	liht yan
use any computer	用電腦
	yuhng dihn nóuh
plug in/charge my laptop/iPhone/iPad/BlackBerry	插入電源/幫我個手提電腦/iPhone/iPad/Blackberry充電
	yùhn/bōng ngóh go sáu tàih dihn nóuh/iPhone/iPad/Blackberry chūng dihn
access Skype	用Skype
	yuhng Skype
How much per (half) hour?	每(半)個鐘頭幾多錢?
	múih (bun) go jūng tàuh géi dō chín
How do I...?	點樣…?
	dím yéung…
connect/disconnect	連接/斷線
	lìhn jip/tyúhn sin
log on/log off	登錄/退出
	dāng luhk/teui chēut
type this symbol	輸入呢個符號
	syū yahp nī go fùh hóu
What's your e-mail?	你嘅電郵係乜野?
	néih ge dihn yàuh haih māt yéh
My e-mail is...	我嘅電郵係…
	ngóh ge dihn yàuh haih…
Do you have a scanner?	你有冇掃描器?
	néih yáuh móuh sou mìuh hei

SOCIAL MEDIA

Are you on Facebook/Twitter?	你有冇註冊Facebook/Twitter?
	néih yáuh móuh jyu chaak Facebook/Twitter

YOU MAY SEE...

關閉 *gwāan bai*	close
刪除 *sāan chèuih*	delete
電子郵件 *dihn jí yàuh gín*	e-mail
退出 *teui chēut*	exit
幫助 *bōng joh*	help
聊天 *lìuh tīn*	instant messenger
互聯網 *wuh lyùhn móhng*	internet
登錄 *dāng luhk*	login
新(信息) *sān (seun sīk)*	new (message)
開/關 *hōi/gwāan*	on/off
打開 *dá hōi*	open
列印 *liht yan*	print
保存 *bóu chyùhn*	save
送 *sung*	send
用戶名/密碼 *yuhng wuh méng/maht máh*	username/password
無線上網 *mòuh sin séuhng móhng*	wireless internet

What's your user name?	你個用戶名係乜嘢?
	néih go yuhng wuh mèhng haih māt yéh
I'll add you as a friend.	我想加你為好友。
	ngóh séung gā néih wàih hóu yáuh
I'll follow you on Twitter.	我會係Twitter關注你。
	ngóh wúih haih Twitter guān jyu néih
Are you following...?	你關注緊...?
	néih guān jyu gán...
I'll put the pictures on Facebook/Twitter.	我想將幅相放上Facebook/Twitter.
	ngóh séung jēung fūk seung fong séuhng Facebook/Twitter
I'll tag you in the pictures.	我會係相片裡面標你。
	ngóh wúih haih seung pin léuih mihn bīu néih

PHONE

Internet-access centers and cafes can be found in major cities in China. Many hotels offer computer and internet facilities in their business centers as well as wireless internet access in private rooms, usually for a fee.

EXPLORING • 97

A phone card/prepaid phone, please.	唔該畀一張電話卡/預付電話卡我。 *m̀h gōi béi yāt jēung dihn wá kāat/yuh fuh dihn wá kāat ngóh*
How much?	幾多錢? *géi dō chín*
Can I recharge/buy minutes for this phone?	我可唔可以幫呢個電話加錢/買多啲分鐘? *ngóh hó m̀h hó yíh bōng nī go dihn wá gā chín/máaih dō dī fān jūng*
Where's the pay phone?	公用電話係邊? *gūng yuhng dihn wá haih bīn douh*
What's the area/country code for…?	…區號/國家代碼係乜野? *…kēui houh/gwok gā doih máh haih māt yéh*
What's the number for Information?	訊問台號碼係幾多號? *sēun mahn tòih houh máh haih géi dō houh*
I'd like the number for…	我想要…嘅號碼。 *ngóh séung yiu…ge houh máh*
I'd like to call collect [reverse the charges].	我想打對方付費電話。 *ngóh séung dá deui fōng fuh fún dihn wá*
My phone doesn't work here.	我嘅電話喺呢度唔用得。 *ngóh ge dihn wá hái nī douh m̀h yuhng dāk*
What network are you on?	你用緊乜嘢網絡? *néih yuhng gán māt yéh móhng lohk*
Is it 3G?	呢個係唔係3G? *nī go haih m̀h haih 3G*
I have run out of credit/minutes.	我嘅電話費/分鐘已經用曬。 *ngóh ge dihn wá fai / fān jūng yíh gīng yuhng saai*
Can I buy some credit?	我可唔可以充值? *ngóh hó m̀h hó yíh chūng jihk*
Do you have e a phon charger?	你有冇手機充電器? *néih yáuh móuh sáu gēi chūng dihn hei*

Public phones can be found in most cities in China but rarely in remote areas. These phones are usually coin-operated; some may be designed for use with credit cards or phone cards, which can be purchased from grocery stores, convenience stores or newsstands. For a better rate, make international calls from the calling centers or stalls in larger cities. Local calls within China and at hotels are often free. Calls from Hong Kong to other cities in China and Macau are considered long-distance. Avoid making international calls from hotels, where high surcharges are added.

For national calls, dial 0 + area code + the phone number.
For calls to the U.S. or Canada, dial 00 + 1 + area code + phone number.
For calls to the U.K., dial 00 + 44 + area code + phone number.

Can I have your number?	可唔可以畀你嘅電話號碼我？ *hó m hó yíh béi néih ge dihn wá houh máh ngóh*
Here's my number.	呢個係我嘅號碼。 *nī go haih ngóh ge houh máh*

Please call/text me.	唔該你打電話/發短信畀我。 *m gōi néih dá dihn wá/faat dyún seun béi ngóh*
I'll call/text you.	我會打電話/發短信畀你。 *ngóh wúih dá dihn wá/faat dyún seun béi néih*

YOU MAY HEAR…

你係邊位？ *néih haih bīn wái*	Who's calling?
唔該等一等。 *m gōi dáng yāt dáng*	Hold on.
我幫你接。 *ngóh bōng néih jip*	I'll put you through.
佢唔喺度/接緊另一個電話。 *kéuih m hái douh/jip gán lihng yāt go dihn wá*	He/She is not here/on another line.
你使不使留言？ *néih sái m sái làuh yìhn*	Would you like to leave a message?
之後/十分鐘後再打。 *jī hauh/sahp fān jūng hauh joi dá*	Call back later/in 10 minutes.
佢可唔可以打電話畀你？ *kéuih hó m hó yíh dá dihn wá béi néih*	Can he/she call you back?
你幾號電話？ *néih géi houh dihn wá*	What's your number?

TELEPHONE ETIQUETTE

Hello. This is…	你好。我係…
	néih hóu ngóh haih…
Can I speak to…?	我可唔可以同…傾?
	ngóh hó m hó yíh tùhng… kīng
Extension…	唔該你轉…
	m gōi néih jyun…
Speak louder/ more slowly, please.	唔該你大聲/慢慢講。
	m gōi néih daaih sēng/maahn máan góng
Can you repeat that?	你可唔可以再講?
	néih hó m hó yíh joi góng
I'll call back later.	我之後再打。
	ngóh jī hauh joi dá
Bye.	再見。
	joi gin

For Numbers, see page 20.

FAX

Can I send/receive a fax here?	呢度可唔可以發/接傳真?
	nī douh hó m hó yíh faat/sāu chyùhn jān
What's the fax number?	傳真號係幾多?
	chyùhn jān houh máh haih géi dō
Please fax this to…	唔該你將呢個傳真畀…
	m gōi néih jēung nī go chyùhn jān béi…

POST

Where's the post office/mailbox [postbox]?	郵局/郵箱喺邊度?
	yàuh gúk/yàuh sēung hái bīn douh

A stamp for this postcard…	一張將呢張明信片
	yāt jēung jēung nī jēung mìhng seun pín
How much?	幾多？
	géi dō
Send this package by airmail/express.	用航空/用快件寄呢個包裹
	yuhng hòhng hūng/yuhng faai gín gei nī go bāau gwó
A receipt, please.	唔該你畀收據我。
	m gōi néih béi sāu geui ngóh

> Post offices can be found throughout China. They normally provide express, registered, overnight and general mail service. Additionally, they may also take payment on behalf of utility companies. Online postal services are available; you can mail your packages, track their status, wire money, order merchandise and pay utility bills.

YOU MAY HEAR...

填好海關申報表。
tìhn hóu hói gwāan sān bou bíu
Fill out the customs declaration form.

價值係幾多？
ga jihk haih géi dō
What's the value?

裏面裝啲乜野？
léuih mihn jōng dī māt yéh
What's inside?

SIGHTSEEING

NEED TO KNOW

Where's the tourist information office?	旅遊資訊辦公室喺邊度？ *léuih yàuh jī seun baahn gūng sāt hái bīn douh*
What are the main attractions?	主要景點係乜野？ *jyú yiu gíng dím haih māt yéh*
Do you have tours in English?	有冇英文導遊？ *yáuh móuh yīng màhn douh yàuh*
Can I have a map/guide?	我可唔可以要一張地圖/旅遊指南？ *ngóh hó m hó yíh yiu yāt jēung deih tòuh/léuih yàuh jí nàahm*

TOURIST INFORMATION

Do you have information on...?
你有冇…嘅資訊？
néih yáuh móuh...ge jī seun

How do we get there?	我哋點去嗰度？ *ngóh deih dím heui gó douh*
Can you recommend…?	你可唔可以介紹…？ *néih hó m hó yíh gaai siuh…*
a bus tour	巴士遊覽 *bā sí yàuh láahm*
an excursion to…	去…遊覽 *heui…yàuh láahm*
a sightseeing tour	觀光遊覽 *gūn gwōng yàuh láahm*

For Asking Directions, see page 70.

Travel agencies that often cater to foreigners include China Travel Services (www.chinatravelservice.com) and China International Travel Service (www.cits.net); the latter has branches throughout China. Such agencies offer a variety of services (these vary by location) such as arranging tours; reserving places to stay; providing tickets for trains, operas, acrobatic performances, concerts and more.
Small-scale tour operators can also be of assistance; be sure that the tour operator is licensed before requesting any service.

ON TOUR

I'd like to go on the tour to…	我想去…遊覽。 *ngóh séung heui…yàuh láahm*
When's the next tour?	下一團幾時？ *hah yāt tyùhn géi sìh*
Are there tours in English?	有冇英文導遊？ *yáuh móuh yīng màhn douh yàuh*

Is there an English guide book/audio guide?	有冇英文嘅旅遊手冊/錄音旅遊指南？
	yáuh móuh yīng màhn ge léuih yàuh sáu chaak/luhk yām léuih yàuh jí nàahm
What time do we leave/return?	我哋幾時出發/返嚟？
	ngóh deih géi sìh chēut faat/fāan làih
We'd like to see…	我哋想睇睇…
	ngóh deih séung tái tái…
Can we stop here…?	我哋可唔可以停喺呢度…？
	ngóh deih hó m hó yíh tìhng hái nī douh…
to take photos	影相
	yíng séung
for souvenirs	買紀念品
	máaih gei nihm bán
for the restrooms [toilets]	去洗手間
	heui sái sáu gāan
Is it disabled-accessible?	殘疾人可唔可以用？
	chàahn jiht yàhn hó m hó yíh yuhng

For Tickets, see page 47.

SEEING THE SIGHTS

Where is/are...?	…喺邊度？
	…hái bīn douh
the battleground	戰場
	jin chèuhng
the botanical garden	植物公園
	jihk maht gūng yún
the castle	城堡
	sèhng bóu
city hall	市政大廳
	síh jing daaih tēng
the downtown area	市中心
	síh jūng sām
the fountain	噴水池
	pan séui chìh
the city hall	大會堂
	daaih wuih tòhng
the library	圖書館
	tòuh syū gún

the market	商場
	sēung chèuhng
the (war) memorial	（戰爭）紀念館
	(jin jāng) gei nihm gún
the museum	博物館
	bohk maht gún
the old town	古鎮
	gú jan
the opera house	歌劇院
	gō kehk yún
the palace	宮殿
	gūng dihn
the park	公園
	gūng yún
the ruins	遺跡
	wàih jīk
the shopping area	購物區
	kau maht kēui
the town square	城市廣場
	sèhng síh gwóng chèuhng
Can you show me on the map?	你可唔可以喺地圖上面指畀我睇？
	néih hó m hó yíh hái deih tòuh seuhng mihn jí béi ngóh tái
Is it disabled accessible?	殘疾人可唔可以用？
	chàahn jaht yàhn hó m hó yíh yuhng
It's…	好…
	hóu…
amazing	犀利
	sāi leih
beautiful	靚
	leng

boring	悶	*muhn*
interesting	有意思	*yáuh yi sī*
magnificent	壯觀	*jong gūn*
romantic	浪漫	*lohng maahn*
strange	奇怪	*kèih gwaai*
stunning	令人震驚	*lihng yàhn jan gīng*
terrible	可怕	*hó pa*
ugly	難睇	*nàahn tái*
I (don't) like it.	我（唔）鍾意。	*ngóh (m) jūng yi*

Sights in China not to be missed include: the Great Wall, Imperial Palace, Summer Palace, Temple of Heaven, Ming tombs and Xi'an terracotta warriors. Temples, gardens and other sights can be found in even the smallest towns. For local sights, check with your hotel concierge or a nearby travel agency. Sights are listed on town maps, which can be purchased at newsstands and from street vendors.
There is so much to see in China. In the evenings, entertainment such as concerts, acrobatics, Chinese ballet and opera are available. Of these, a not-to-be-missed event is the Canton opera, a spectacular combination of song, dance, pantomime and martial arts.

RELIGIOUS SITES

Where's…?	…喺邊度？
	…hái bīn douh
the Catholic/ Protestant church	天主教/新教徒教堂
	tīn jyú gaau/sān gaau tòuh gaau tóng
the mosque	清真寺
	chīng jān jí

the shrine	神殿
	sàhn dihn
the synagogue	猶太教堂
	yàuh taai gaau tòhng
the temple	寺廟
	jih míu
What time is mass/ the service?	彌撒/禮拜係幾時？
	nèih saat/láih baai haih géi sìh

The People's Republic of China officially subscribes to atheism but, since China's reform, open religious activity has been permitted. Buddhism is the most widely practiced religion in China. Taoism, Islam and Christianity are also observed.

Religion in Hong Kong and Macau is not suppressed. You can find churches and temples in the main cities.

ACTIVITIES

SHOPPING 112
SPORT & LEISURE 137
TRAVELING WITH CHILDREN 147

ACTIVITIES

SHOPPING

NEED TO KNOW

Where's the market/mall [shopping centre]?	街市/購物中心喺邊度? *gāai síh/kau maht jūng sām hái bīn douh*
I'm just looking.	我淨係睇吓。 *ngóh jihng haih tái háh*
Can you help me?	你可唔可以幫我? *néih hó m hó yíh bōng ngóh*
I'm being helped.	有人幫我喇。 *yáuh yàhn bōng ngóh la*
How much?	幾多錢? *géi dō chín*
That one, please.	唔該畀嗰個我。 *m gōi béi gó go ngóh*
That's all.	就呢啲。 *jauh nī dī*
Where can I pay?	我喺邊度畀錢? *ngóh hái bīn douh béi chín*
I'll pay in cash/by credit card.	我用現金/信用卡畀錢。 *ngóh yuhng yihn gām/seun yuhng kāat béi chín*
A receipt, please.	唔該畀收據我。 *m gōi béi sāu geui ngóh*

Department stores often sell quality goods produced for export and offer a nice selection of souvenirs. Some department stores can send purchases abroad.

ACTIVITIES • 113

YOU MAY SEE...

開門 *hōi mùhn*	open
閂門 *sāan mùhn*	closed
午飯時間關門 *ngh faahn sìh gaan gwāan mùhn*	closed for lunch
試身室 *si sān sāt*	fitting room
付款處 *fuh fún chyu*	cashier
只收現金 *jí sāu yihn gām*	cash only
接受信用卡 *jip sauh seun yuhng kāat*	credit cards accepted
營業時間 *yìhng yihp sìh gaan*	business hours
出口 *chēut háu*	exit

AT THE SHOPS

Where's...?	…喺邊度？ *…hái bīn douh*
the antiques store	古董店 *gú dúng dim*
the bakery	麵包舖 *mihn bāau póu*
the bank	銀行 *ngàhn hòhng*

the bookstore	書店
	syū dim
the camera store	相機鋪
	séung gēi póu
the clothing store	時裝店
	sìh jōng dim
the delicatessen	熟食店
	suhk sihk dim
the department store	百貨公司
	baak fo gūng sī
the gift shop	禮品店
	láih bán dim
the health food store	健康食品店
	gihn hōng sihk bán dim
the jeweler	珠寶店
	jyū bóu dim
the liquor store [off-licence]	洋酒店
	yèuhng jáu dim
the mall [shopping centre]	購物中心
	kau maht jūng sām
the market	街市
	gāai síh

the music store	音樂商店	
	yām ngohk sēung dim	
the pastry shop	麵包點心店	
	mihn bāau dím sām dim	
the pharmacy	藥房	
	yeuhk fòhng	
the produce [grocery] store	食品店	
	sihk bán dim	
the shoe store	鞋鋪	
	hàaih póu	
the souvenir store	紀念品商店	
	gei nihm bán sēung dim	
the supermarket	超級市場	
	chīu kāp síh chèuhng	
the tobacconist	煙草鋪	
	yīn chóu pou	
the toy store	玩具鋪	
	wuhn geuih póu	

我可唔可以幫你?	Can I help you?
ngóh hó m hó yíh bōng néih	
唔該等一等。	One moment.
m gōi dáng yāt dáng	
你要乜野?	What would you like?
néih yiu māt yéh	
仲要唔要第二啲?	Anything else?
juhng yiu m yiu daih yih dī	

ASK AN ASSISTANT

When do you open/close?	幾點開門/閂門？ *géi dím hōi mùhn/sāan mùhn*
Where's...?	…喺邊度？ *...hái bīn douh*
the cashier	收銀處 *sāu ngán chyu*
the escalator	電梯 *dihn tāi*
the elevator [lift]	電梯 *dihn tāi*
the fitting room	試身室 *si sān sāt*
the store directory	士多目錄 *sih dō muhk luhk*
Can you help me?	你可唔可以幫我？ *néih hó m hó yíh bōng ngóh*
I'm just looking.	我只係睇睇。 *ngóh jí haih tái tái*
I'm being helped.	已經有人幫我喇。 *yíh gīng yáuh yàhn bōng ngóh la*

Do you have…?	你有冇…?
	néih yáuh móuh…
Can you show me…?	你可唔可以畀…我睇睇?
	néih hó m hó yíh béi…ngóh tái tái
Can you ship/wrap it?	你可唔可以將呢啲野托運/打包?
	nèih hó m hó yíh jēung nī dī yéh tok wahn/dá bāau
How much?	幾多錢?
	géi dō chín
That's all.	就呢啲。
	jauh nī dī

PERSONAL PREFERENCES

I'd like something…	我想要…
	ngóh séung yiu…
cheap/expensive	平啲/貴啲嘅
	pèhng dī/gwai dī ge
larger/smaller	大啲/細啲嘅
	daaih dī/sai dī ge
nicer	好啲嘅
	hóu dī ge
from this region	當地生產嘅
	dōng deih sāng cháan ge
Around…HK dollars.	…蚊左右嘅。
	…mān jó yáu ge
Is it real?	呢啲係唔係真嘅?
	nī dī haih m haih jān ge
Can you show me this/that?	你可唔可以畀我睇吓呢個/嗰個?
	néih hó m hó yíh béi ngóh tái háh nī go/gó go
That's not quite what I want.	嗰個唔係我要嘅。
	gó go m haih ngóh yiu ge

No, I don't like it.	我唔鍾意。	
	ngóh m jūng yi	
It's too expensive.	太貴喇。	
	taai gwai la	
I have to think about it.	我要諗諗。	
	ngóh yiu nám nám	
I'll take it.	我要。	
	ngóh yiu	

PAYING & BARGAINING

How much?	幾多錢？	
	géi dō chín	
I'll pay…	我要用…畀錢。	
	ngóh yiu yuhng…béi chín	
in cash	現金	
	yihn gām	
by credit card	信用卡	
	seun yuhng kāat	
by traveler's check [cheque]	旅行支票	
	léuih hàhng jī piu	
Can I use this…?	我可唔可以用…卡？	
	ngóh hó m hó yíh yuhng…kāat	

YOU MAY HEAR…

你點樣畀錢？
néih dím yéung béi chín
你嘅信用卡被拒絕。
néih ge seun yuhng kāat beih kéuih jyuht

唔該出示你嘅身份證。
m gōi chēut sih néih ge sān fán jing
我哋唔接受信用卡。
ngóh deih m jip sauh seun yuhng kāat
唔該畀現金。
m gōi béi yihn gām

How are you paying?
Your credit card has been declined.
ID, please.

We don't accept credit cards.
Cash only, please.

ATM	自動提款機	
	jih duhng tàih fún gēi	
credit	信用	
	seun yuhng	
gift	禮品	
	láih bán	
How do I use this machine?	呢架機器點樣用？	
	nī ga gēi hei dím yéung yuhng	
A receipt, please.	唔該畀收據我。	
	m gōi béi sāu geui ngóh	
That's too much.	太貴喇。	
	taai gwai la	
I'll give you…	我畀…你。	
	ngóh béi…néih	
I have only…Hong Kong dollars.	我只有…港幣。	
	ngóh jí yáuh…góng baih	

120 • ACTIVITIES

Is that your best price?	係唔係最低價？ *haih m haih jeui dāi ga*
Can you give me a discount?	可唔可以打折？ *hó m hó yíh dá jit*

For Numbers, see page 20.

> In Hong Kong and throughout China, the most commonly accepted form of payment is cash. Major credit cards may be accepted at larger stores in city centers.

MAKING A COMPLAINT

I'd like…	我想… *ngóh séung…*
to exchange this	換一個 *wuhn yāt go*
a refund	退款 *teui fún*
to see the manager	見經理 *gin gīng léih*

SERVICES

Can you recommend…?	你可唔可以介紹…？ *néih hó m hó yíh gaai siuh…*
a barber	一位理髮師 *yāt wái léih faat sī*
a dry cleaner	一間乾洗店 *yāt gāan gōn sái dim*
a hairstylist	一位髮型師 *yāt wái faat yìhng sī*

a laundromat [launderette]	一間洗衣鋪 *yāt gāan sái yī póu*
a spa	一間溫泉 *yāt gāan wān chyùhn*
a travel agency	一間旅行社 *yāt gāan léui hàhng séh*
Can you…this?	你可唔可以⋯呢個? *néih hó m hó yíh… nī go*
alter	改 *gói*
clean	洗 *sái*
fix [mend]	整 *jíng*
press	熨 *tong*
When will it be ready?	幾時做完? *géi sìh jouh yùhn*

HAIR & BEAUTY

I'd like…	我想⋯ *ngóh séung…*
an appointment for today/tomorrow	約一個今日/聽日嘅時間 *yeuk yāt go gām yaht/tī ng yaht ge sìh gaan*
some color/highlights	染髮/挑染 *yíhm faat/tīu yíhm*
my hair blow-dried	吹頭 *chēui tàuh*
a haircut	剪頭髮 *jín tàuh faat*

a trim	剪髮	
	jín faat	
Not too short.	唔好太短。	
	m hóu taai dyún	
Shorter here.	呢度再短一啲。	
	nī douh joi dyún yāt dī	
I'd like…	我想…	
	ngóh séung…	
a facial	做面部美容	
	jouh mihn bouh méih yùhng	
a manicure/pedicure	修手甲/腳甲	
	sāu sáu gaap/geuk gaap	
a massage	要按摩	
	yiu ngon mō	
Do you do…?	你做唔做…？	
	néih jouh m jouh…	
acupuncture	針灸	
	jām gau	
aromatherapy	香薰療法	
	hēung fān lìuh faat	
oxygen treatment	氧氣治療	
	yéuhng hei jih lìuh	
Do you have a sauna?	你做唔做桑拿？	
	néih jouh m jouh sōng nàh	

ACTIVITIES • 123

> A number of luxury hotels in China offer facial and body treatments and massage. Some even have unique amenities for spa guests, such as tea centers, Tai Chi and yoga lessons. Check with your hotel concierge or a travel agency for a list of spas, services and prices.

ANTIQUES

How old is it?	有幾長歷史？ *yáuh géi chèuhng lihk sí*
Do you have anything from the…period?	你有冇⋯時期嘅野？ *néih yáuh móuh…sìh kèih ge yéh*
Do I have to fill out any forms?	我使唔使填表？ *ngóh sái m sái tìhn bíu*
Is there a certificate of authenticity?	有冇真品證明？ *yáuh móuh jān bán jing mìhng*
Can you ship/wrap it?	你可唔可以送貨/包咗佢？ *néih hó mhó yíh sung fo/ bāau jó kéuih*

CLOTHING

I'd like…	我想要⋯ *ngóh séung yiu…*
Can I try this on?	我可唔可以試著？ *ngóh hó m hó yíh si jeuk*
It doesn't fit.	唔適合。 *m sīk hahp*
It's too…	太⋯ *taai…*

big/small	大/細	*daaih/sai*
short/long	短/長	*dyún/chèuhng*
tight/loose	緊/闊	*gán/fut*
Do you have this in size…?	呢件衫有冇…號嘅?	*nī gihn sāam yáuh móuh…houh ge*
Do you have this in a bigger/smaller size?	呢件衫有冇大/細啲吗?	*nī gihn sāam yáuh móuh daaih/sai dī ge*

COLORS

I'd like something…	我想要…	*ngóh séung yiu…*
beige	米黃	*máih wòhng*
black	黑色	*hāak sīk*
blue	藍色	*làahm sīk*
brown	咖啡色	*ga fē sīk*
gray	灰色	*fūi sīk*
green	綠色	*luhk sīk*
orange	橙色	*cháang sīk*
pink	粉紅色	*fán hùhng sīk*

purple	紫色	
	jí sīk	
red	紅色	
	hùhng sīk	
white	白色	
	baahk sīk	
yellow	黃色	
	wòhng sīk	

For Numbers, see page 20.

YOU MAY HEAR…

嗰件衫好適合你。	That looks great on you.
nī gihn sāam hóu sīk hahp néih	
適唔適合我？	How does it fit?
sīk m sīk hahp ngóh	
§我哋冇你嘅尺寸。	We don't have your size.
ngóh deih móuh néih ge chek chyun	

CLOTHES & ACCESSORIES

backpack	背囊	
	bui nòhng	
belt	皮帶	
	pèih dáai	
bikini	比基尼	
	béi gīn nèih	
blouse	女裝恤衫	
	néuih jōng sēut sāam	
bra	胸圍	
	hūng wàih	

YOU MAY SEE...

男士嘅 *nàahm sih ge*	men's
女士嘅 *néuih sih ge*	women's
細蚊仔嘅 *sai mān jái ge*	children's

briefs [underpants]/ panties	男裝底褲/女裝底褲 *nàahm jōng dái fu/néuih jōng dái fu*
coat	外套 *ngoih tou*
dress	禮服 *láih fuhk*
hat	帽 *móu*
jacket	褸 *lāu*
jeans	牛仔褲 *ngàuh jái fu*

pajamas	睡衣	*seuih yī*
pants [trousers]	長褲	*chèuhng fu*
pantyhose [tights]	絲襪	*sī maht*
purse [handbag]	女裝銀包	*néuih jōng ngàhn bāau*
raincoat	雨褸	*yúh lāu*
scarf	絲巾	*sī gān*
shirt	恤衫	*sēut sāam*
shorts	短褲	*dyún fu*
skirt	裙	*kwàhn*
socks	襪	*maht*
suit	套裝	*tou jōng*
sunglasses	太陽眼鏡	*taai yèuhng ngáhn géng*
sweater	毛衫	*mòuh sāam*
sweatshirt	運動衫	*wahn duhng sāam*
swimsuit	泳衣	*wihng yī*
T-shirt	T恤	*tī sēut*

Western and traditional Chinese clothing is sold at street markets and local department stores, usually at very reasonable prices. Designer clothing is available at high-end boutiques, found in larger cities. China is known for its silk production, and silk clothing and fabric (sold by the yard) can be purchased in many stores.

tie	領呔	
	léhng tāai	
underwear	底衫	
	dái sāam	

FABRIC

I'd like...	我想要…	
	ngóh séung yiu…	
cotton	棉布	
	mìhn bou	
denim	粗棉布	
	chōu mìhn bou	
lace	花邊	
	fā bīn	
leather	皮	
	péi	
linen	麻布	
	màh bou	
silk	絲綢	
	sī chàuh	
wool	羊毛	
	yèuhng mòuh	

ACTIVITIES • 129

Is it machine washable?	可唔可以機洗？ *hó m hó yíh gēi sái*

> In department stores and places where clothes are made for export, sizes will be given as small, medium and large. Most other clothing stores feature Chinese measurements that combine height and chest size; these measurements appear in centimeters. For example, if you are 170 cm tall (5'6") with a chest measurement of 90 cm (36"), look for clothing marked 170/90. Children's sizes are given by height, in centimeters.

SHOES

I'd like...	我想要… *ngóh séung yiu…*
high-heels/flats	高掙鞋/平底鞋 *gōu jāang hàaih/pìhng dái hàaih*
boots	靴 *hēu*
loafers	平底便服鞋 *pìhng dái bihn fuhk hàaih*
sandals	涼鞋 *lèuhng hàaih*
shoes	鞋 *hàaih*
slippers	拖鞋 *tō háai*
sneakers	運動鞋 *wahn duhng hàaih*

130 • ACTIVITIES

In size…	…號
	…houh

SIZES

chest measurement	胸圍
	hūng wàih
waist measurement	腰圍
	yīu wàih
height	身長
	sān chèuhng
extra small (XS)	加細碼
	gā sai máh
small (S)	細碼
	sai máh
medium (M)	中碼
	jūng máh
large (L)	大碼
	daaih máh
extra large (XL)	加大碼
	gā daaih máh
plus size	加加大碼
	gā gā daaih máh

NEWSAGENT & TOBACCONIST

Do you sell English-language newspapers?	你賣唔賣英文報紙？
	néih maaih m maaih yīng màhn bou jí
I'd like…	我想買…
	ngóh séung máaih…
candy [sweets]	糖 (甜品)
	tóng (tìhm bán)

chewing-gum	香口膠	
	hēung háu gāau	
a chocolate bar	朱古力	
	jyū gú lihk	
a cigar	雪茄	
	syut kā	
a pack/carton of cigarettes	一包/一條煙	
	yāt bāau/yāt tìuh yīn	
a lighter	一個打火機	
	yāt go dá fó gēi	
I'd like…	我想買…	
	ngóh séung máaih…	
a magazine	一本雜誌	
	yāt bún jaahp ji	
matches	火柴	
	fó chàaih	
a newspaper	一份報紙	
	yāt fahn bou jí	
a pen	一支筆	
	yāt jī bāt	
a phone card	一張電話卡	
	yāt jēung dihn wá kāat	

a postcard	一張明信片
	yāt jēung mìhn seun pín
a road/town map of…	…道路/市區地圖
	…douh louh/síh kēui deih tòuh
stamps	郵票
	yàuh piu

China Daily is China's official English-language newspaper, available in most major cities. *South China Morning Post* is a popular English newspaper sold in Hong Kong and can be found in hotels and convenience stores. In larger cities, English-language and international magazines and newspapers are generally available at hotels and major newsstands. You may also find an English-language channel on your hotel TV.

PHOTOGRAPHY

I'd like…camera.	我想買一個…相機。
	ngóh séung máaih yāt go…séung gēi
an automatic	自動
	jih duhng
a digital	數碼
	sou máh
a disposable	即棄
	jīk hei
I'd like…	我想…
	ngóh séung…
a battery	買一個電芯
	máaih yāt go dihn sām

digital prints	數碼列印照片
	sou máh liht yan jiu pín
a memory card	買存儲卡
	máaih chyúh jihk kaat
Can I print digital photos here?	我可唔可以喺呢度列印數碼照片？
	ngóh hó m hó yíh hái nī douh liht yan sou máh jiu pín

SOUVENIRS

book	書
	syū
box of chocolates	朱古力
	jyū gū līk
calligraphy supplies	書法用品
	syū faat yuhng bán
Chinese painting	中國畫
	jūng gwok wá
chopsticks	筷子
	faai jí
cloisonné	景泰藍
	gíng taai làahm

doll	公仔
	gūng jái
jade	玉
	yúk
key ring	鑰匙扣
	só sìh kau
lacquerware	漆器
	chāt hei
porcelain	瓷器
	chìh hei
postcard	明信片
	mìhng seun pín
pottery	瓷器
	chìh hei
silk	絲綢
	sī chàuh
T-shirt	T恤
	tī sēut
toy	玩具
	wuhn geuih
Can I see this/that?	我可唔可以睇睇呢個/嗰個？
	ngóh hó m hó yíh tái tái nī go/gó go
It's in the window/ display case.	喺櫥窗/陳列櫃裏面。
	hái chyùh chēung/chàhn liht gwaih léuih mihn
I'd like…	我想要…
	ngóh séung yiu…
a battery	一個電芯
	yāt go dihn sām
a bracelet	一隻手扼
	yāt jek sáu ngáak

ACTIVITIES • 135

Typical Chinese souvenirs include silk fabric and clothing, jade, pearls and porcelain. Jade is traditionally worn for good luck, as a protection against illness and as an amulet for travelers. Pearls are also part of Chinese tradition and were worn by emperors and other nobility. Calligraphy supplies, kites, paper cuts and chopsticks are also popular mementos. Souvenirs can be found in malls, department stores and local street markets.

If you're antiquing, note that items dated earlier than 1795 may not be legally exported; any antique leaving China must be affixed with a small red seal, provided by the Cultural Relics Bureau.

a brooch	一個心口針
	yāt go sām háu jām
a clock	一個鐘
	yāt go jūng
earrings	一對耳環
	yāt deui yíh wáan
a necklace	一條頸鏈
	yāt tìuh géng lín
a ring	一隻戒指
	yāt jek gaai jí
a watch	一個手錶
	yāt go sáu bīu
I'd like…	我想要⋯嘅。
	ngóh séung yiu…ge
copper	銅
	tùhng

crystal	水晶	séui jīng
diamonds	鑽石	jyun sehk
white/yellow gold	白/黃金	baahk/wòhng gām
I'd like…	我想要…嘅。	ngóh séung yiu…ge
pearls	珍珠	jān jyū
platinum	鉑金	baahk gām
sterling silver	純銀	sèuhn ngán
Is this real?	呢啲係唔係真嘅？	nī dī haih m haih jān ge
Can you engrave it?	你可唔可以喺上面刻字？	néih hó m hó yíh hái seuhng mihn hāk jih

SPORT & LEISURE

NEED TO KNOW

When's the game?	幾時比賽？
	géi sìh béi choi
Where's…?	…喺邊度？
	…hái bīn douh
the beach	海灘
	hói tāan
the park	公園
	gūng yún
the pool	泳池
	wihng chìh
Is it safe to swim here?	喺呢度游水安唔安全？
	hái nī douh yàuh séui ngōn m ngōn chyùhn
Can I rent [hire] golf clubs?	可唔可以租棒球？
	hó m hó yíh jōu kàuh páahng
How much per hour?	每個鐘頭幾多錢？
	múih go jūng tàuh géi dō chín
How far is it to…?	去…有幾遠？
	heui…yáuh géi yúhn
Show me on the map, please.	唔該喺地圖上面指界我睇。
	m gōi hái deih tòuh seuhng mihn jí béi ngóh tái

WATCHING SPORT

Early risers will no doubt encounter people practicing Tai Chi (太極 *taai gihk*), a combination of martial arts and relaxation movements, in parks throughout China. Some also practice Qigong (氣功 *hei gūng*), breathing and movement exercises. If you are interested in joining, the crowd would welcome you.
Other sports enjoyed in China include badminton and ping-pong. Volleyball courts and swimming pools can be found throughout China. If you're looking for brain exercise instead of a body stretch, try Mahjong (麻雀 *màh jeuk*), a popular Chinese strategy game. Chinese chess and cards are common as well.

When's…game/match?	…比賽係幾時？	
	…béi choi haih géi sìh	
the badminton	羽毛球	
	yúh mòuh kàuh	
the baseball	棒球	
	páahng kàuh	
the basketball	籃球	
	làahm kàuh	
the boxing	拳擊	
	kyùhn gīk	
the golf	高爾夫球	
	gōu yíh fū kàuh	
the martial arts	武術	
	móuh seuht	

the ping-pong	乒乓波	
	bīng bām bō	
the soccer [football]	足球	
	jūk kàuh	
the tennis	網球	
	móhng kàuh	
the volleyball	排球	
	pàaih kàuh	
the wrestling	摔跤	
	sēut gāau	
Who's playing?	邊個打緊波？	
	bīn go dá gán bō	
Where's the racetrack/stadium?	跑馬場/體育場喺邊度？	
	páau máh chèuhng/ wahn duhng chèuhng hái bīn douh	
Where can I place a bet?	我可以係邊度落注？	
	ngóh hó yíh haih bīn douh ohk jyu	

PLAYING SPORT

Where is/are...?	…喺邊度？	
	…hái bīn douh	
the golf course	高爾夫球場	
	gōu yíh fū kàuh chèuhng	
the gym	健身房	
	gihn sān fòhng	
the park	公園	
	gūng yún	
the tennis courts	網球場	
	móhng kàuh chèuhng	
How much per...?	每…幾多錢？	
	múih…géi dō chín	

day	日
	yaht
hour	個鐘頭
	go jūng tàuh
game	場比賽
	chèuhng béi choi
round	輪比賽
	lèuhn béi choi
Can I rent [hire]…?	我可唔可以租…?
	ngóh hó m hó yíh jōu…
clubs	球棒
	kàuh páahng
equipment	設備
	chit beih
a racket	一個球拍
	yāt go kàuh paak

AT THE BEACH/POOL

Where's the beach/pool?	海灘/泳池喺邊度?
	hói tāan/wihng chìh hái bīn douh
Is there…?	有冇…?
	yáuh móuh…
a kiddie pool	兒童泳池
	yìh tùhng wihng chìh
an indoor/ outdoor pool	室內/室外游泳池
	sāt noih/sāt ngoih yàuh wihng chìh
a lifeguard	救生員
	gau sāng yùhn
Is it safe…?	…安唔安全?
	…ngōn m ngōn chyùhn

to swim	游水	
	yàuh séui	
to dive	潛水	
	chìhm séui	
for children	細蚊仔用	
	sai mān jái yuhng	
I'd like to hire...	我想租…	
	ngóh séung jōu…	
a deck chair	一張接椅	
	yāt jēung jip yí	
diving equipment	一套潛水用具	
	yāt tou chìhm séui yuhng geuih	
I'd like to hire...	我想租…	
	ngóh séung jōu…	
a jet ski	一套噴氣式滑水板	
	yāt gou pan hei sīk waaht séui báan	
a motorboat	一艘汽艇	
	yāt sáu hei téng	
a rowboat	一隻艇仔	
	yāt jek téng jái	
snorkeling equipment	潛水設備	
	chìhm séui chi beih	

a surfboard	一塊滑浪板
	yāt faai waaht lohng báan
a towel	一條毛巾
	yāt tìuh mòuh gān
an umbrella	一把遮
	yāt bá jē
water skis	滑水橇
	waaht séui hīu
a windsurfer	一隻帆船
	yāt jek fàahn syùhn
For…hours.	一共…個鐘頭。
	yāt guhng…go jūng tàuh

> Public beaches can be found around Hong Kong and along China's east coast. The most popular beaches are often very crowded, so arrive early for a good spot.

WINTER SPORTS

A ticket for the skating rink, please.	唔該一張溜冰場入場券。
	m gōi yāt jēung làuh bīng chèuhng yahp chèuhng hyun
I want to rent [hire] ice skates.	我想租溜冰鞋。
	ngóh séung jōu làuh bīng hàaih
Can I take skating lessons?	我可唔可以上溜冰堂。
	ngóh hó m hó yíh séung làuh bīg tòhng
I'm a beginner.	我係初學者。
	ngóh haih chō hohk jé

ACTIVITIES • 143

YOU MAY SEE...

電梯 *dihn tāi*	lifts
牽引電梯 *hīn yáhn dihn tāi*	drag lift
纜車 *laahm chē*	cable car
升降椅 *sīng gong yí*	chair lift
新手 *sān sáu*	novice
中等水平 *jūng dáng séui pìhng*	intermediate
專家 *jyūn gā*	expert
小路 [滑雪道] 關咗 *síu louh [waaht syut douh] gwāan jó*	trail [piste] closed

A lift pass for a day/ five days, please.	一日/五日纜車接送，唔 該。 *yāt yaht/ńgh yaht laahm chē jip sung,* *m gōi*
I'd like to hire...	我想租⋯ *ngóh séung jōu*
boots	靴 *hēu*
a helmet	一個頭盔 *yāt go tàuh kwāi*
poles	雪杖 *syut jeuhng*

skis	滑雪板
	waaht syut báan
a snowboard	一塊滑雪單板
	yāt faai waaht syut dāan báan
snowshoes	雪地鞋
	yāt faai waaht syut dāan báan
These are too big/small.	呢啲太大/太細
	nī dī taai daaih / taai sai
Are there lessons?	有冇培訓課程?
	yáuh móuh pùih fan fo chìhng
I'm experienced.	我有經驗。
	ngóh yáuh gīng yihm
A trail map, please.	一幅地形圖,唔該。
	yāt fūk deih yìhng tòuh, m gōi

> Due to warm temperatures year-round, winter sports are generally not popular in Cantonese-speaking China. Skating rinks can be found inside some large shopping malls in Hong Kong.

OUT IN THE COUNTRY

A map of..., please.	唔該畀一份…地圖我。
	m gōi béi yāt fahn…deih tòuh ngóh
this region	呢個地區嘅
	nī go deih kēui ge
the walking routes	步行路線
	bouh hàhng louh sin
the bike routes	單車路線
	dāan chē louh sin

the trails	行山道	*hàahng sāan douh*
Is it…?	係唔係…?	*haih m haih…*
easy	容易	*yùhng yi*
difficult	難	*nàahn*
far	遠	*yúhn*
steep	斜	*che*
I'm exhausted.	我好癐喇。	*ngóh hóu guih la*
How far is it to…?	離…有幾遠？	*lèih…yáuh géi yúhn*
Show me on the map, please.	唔該喺地圖上面指畀我睇。	*m gōi hái deih tòuh seuhng mihn jí béi ngóh tái*
I'm lost.	我盪失路。	*ngóh dohng sāt louh*
Where's…?	…喺邊度？	*…hái bīn douh*

the bridge	橋	*kìuh*
the cave	洞	*duhng*
the cliff	懸崖	*yùhn ngàaih*
the desert	沙漠	*sā mohk*
the farm	農場	*nùhng chèuhng*
the field	農田	*nùhng tìhn*
the forest	森林	*sām làhm*
the mountain	山	*sāan*
the lake	湖	*wùh*
the nature preserve	自然保護區	*jih yìhn bóu wuh kēui*
the park	公園	*gūng yún*
the path	道路	*douh louh*
the peak	山頂	*sāan déng*
the picnic area	野餐區	*yéh chāan kēui*
the pond	池塘	*chìh tòng*
the river	河流	*hòh làuh*

the sea	大海	*daaih hói*
the stream	小河	*síu hòh*
the thermal spring	溫泉	*wān chyùhn*
the valley	山谷	*sāan gūk*
the viewpoint	觀景點	*gūn gíng dím*
the vineyard	葡萄園	*pòuh tòuh yùhn*
the waterfall	瀑布	*bohk bou*

For Asking Directions, see page 70.

TRAVELING WITH CHILDREN

NEED TO KNOW

Is there a discount for kids?	細蚊仔有冇折?	*sai mān jái yáuh móuh jit*
Can you recommend a babysitter?	你可唔可以介紹一位保姆?	*néih hó m hó yíh gaai siuh yāt wái bóu móuh*
Do you have a child's seat/highchair?	你有冇BB凳/高凳?	*néih yáuh móuh bìh bī dang/ gōu dang*
Where can I change the baby?	我喺邊度可以幫細蚊仔換尿片?	*ngó hái bīn douh hó yíh bōng sai mān jái wuhn niuh pín*

OUT & ABOUT

Can you recommend something for kids?	你可唔可以推薦細蚊仔玩嘅活動? *néih hó m hó yíh tēui jin sai mān jái wáan ge wuht duhng*
Where's…?	…喺邊度? *…hái bīn douh*
the amusement park	遊樂園 *yàuh lohk yùhn*
the arcade	遊樂場 *yàuh lohk chèuhng*
the kiddie [paddling] pool	兒童泳池 *yìh tùhng wihng chìh*
the park	公園 *gūng yún*
the playground	操場 *chōu chèuhng*
the zoo	動物園 *duhng maht yùhn*
Are kids allowed?	細蚊仔可唔可以入去? *sai mān jái hó m hó yíh yahp heui*

ACTIVITIES • 149

Is it safe for kids?	細蚊仔玩安唔安全？
	sai mān jái wáan ngōn m ngōn chyùhn
Is it suitable for… year olds?	適唔適合…歲嘅細蚊仔？
	sīk m sīk hahp…seui ge sai mān jái

For Numbers, see page 20.

BABY ESSENTIALS

> **YOU MAY HEAR…**
>
> 真係可愛！
> *jān haih hó ngoi*
> How cute!
>
> 佢叫乜野名？
> *kéuih giu māt yéh méng*
> What's his/her name?
>
> 佢幾大？
> *kéuih géi daaih*
> How old is he/she?

Do you have…?	你有冇…？
	néih yáuh móuh…
a baby bottle	奶樽
	náaih jēun
baby food	嬰兒食品
	yīng yìh sihk bán
baby wipes	嬰兒紙巾
	yīng yìh jí gān
a car seat	汽車安全座椅
	hei chē ngōn chyùhn yí
a children's menu	兒童菜單
	yìh tùhng choi dāan

a child's seat/ highchair	BB凳/高凳 *bìh bī dang/gōu dang*	
a crib/cot	搖籃/床仔 *yìuh láam/chòhng jái*	
diapers [nappies]	尿片 *niuh pín*	
formula [baby food]	奶粉 *náaih fán*	
a pacifier [dummy]	奶嘴 *náaih jéui*	
a playpen	遊戲圍欄 *yàuh hei wàih làahn*	
a stroller [pushchair]	BB 車 *bìh bī chē*	
Can I breastfeed the baby here?	我可唔可以喺呢度餵細蚊仔人奶? *ngóh hó m hó yíh hái nī douh wai sai mān jái yàhn náaih*	
Where can I breastfeed/change the baby?	我喺邊度可以餵細蚊仔食人奶/幫細蚊仔換尿片? *ngóh hái bīn douh hó yíh wai sai mān jái sihk yàhn náaih/bōng sai mān jái wuhn niuh pín*	

BABYSITTING

Can you recommend a a babysitter?	你可唔可以介紹一位保姆？ *néih hó m hó yíh gaai siuh yāt wái bóu móuh*
What's the charge?	你哋收費係幾多？ *néih deih sāu fai haih géi dō*
I'll be back by…	我喺…之前返嚟。 *ngóh hái…jī chìhn fāan làih*
I can be reached at…	打…可以搵到我。 *dá…hó yíh wán dóu ngóh*

HEALTH & SAFETY

EMERGENCIES 154
POLICE 155
HEALTH 158
PHARMACY 166
DISABLED TRAVELERS 172

EMERGENCIES

NEED TO KNOW

Help!	救命！ *gau mehng*
Go away!	走開！ *jáu hōi*
Stop, thief!	唔好走，有賊！ *m hóu jáu yáuh cháak*
Get a doctor!	搵醫生！ *wán yī sāng*
Fire!	著火啦！ *jeuhk fó la*
I'm lost.	我盪失路。 *ngóh dohng sāt louh*
Can you help me?	你可唔可以幫我？ *néih hó m hó yíh bōng ngóh*

In an emergency dial **999** in **Hong Kong**.
In **China** dial:
110 for the police
120 for an ambulance
119 for the fire brigade.

A list of local emergency services numbers should be available at your hotel or from the tourist information office.

POLICE

NEED TO KNOW

Call the police!	打電話畀警察!
	dá dihn wá béi gíng chaat
Where's the police station?	警察局喺邊度?
	gíng chaat gúk hái bīn douh
There was an accident/attack.	有意外/人受襲擊。
	yáuh yi ngoih/yàhn sauh jaahp gīk
My child is missing.	我嘅細蚊仔唔見咗。
	ngóh ge sai mān jái m gin jó
I need…	我需要…
	ngóh sēui yiu…
an interpreter	一個翻譯
	yāt go fāan yihk
to contact my lawyer	聯絡我嘅律師
	lyùhn lohk ngóh ge leuht sī
to make a phone call	打電話
	dá dihn wá
I'm innocent.	我係無辜嘅。
	ngóh haih mouh gū ge

CRIME & LOST PROPERTY

I want to report…	我想報告一個…事件。
	ngóh séung bou gou yāt go…sih gín
a mugging	搶劫
	chéung gip
a rape	強姦
	kèuhng gāan
a theft	偷竊
	tāu sit
I was mugged/robbed.	我畀人搶野/打劫。
	ngóh béi yàhn chéung yéh/dá gip
I lost my…	我嘅…唔見咗。
	ngóh ge…m gin jó
My…was stolen.	我嘅…畀人偷咗。
	ngóh ge…béi yàhn tāu jó
backpack	背囊
	bui nòhng
bicycle	單車
	dāan chē
camera	相機
	séung gēi

YOU MAY HEAR...

填好呢份表格。
tìhn hóu nī fahn bíu gaak
唔該出示你嘅身份證。
m gōi néih chēut sih néih ge sān fán jing

佢點樣?
kéuih dím yéung
係幾時/喺邊度發生?
haih géi sìh/hái bīn douh faat sāng

Fill out this form.

Your identification, please.
What does he/she look like?
When/Where did it happen?

(hire) car	（租嘅）車	*(jōu ge) chē*
computer	電腦	*dihn nóuh*
credit card	信用卡	*seun yuhng kāat*
jewelry	首飾	*sáu sīk*
money	錢	*chín*
passport	護照	*wuh jiu*
purse [handbag]	銀包	*ngàhn bāau*
traveler's checks [cheques]	旅行支票	*léuih hàhng jī piu*
wallet	銀包	*ngàhn bāau*

158 • HEALTH & SAFETY

I need a police report.	我要報警。 *ngóh yiu bou gíng*
Where is the British/American/Irish embassy?	英國/美國/愛爾蘭大使館係邊度？ *yīng gwok /méih gwok/oi yíh làahn/ daaih sí gún haih bīn douh*

HEALTH

NEED TO KNOW

I'm sick [ill].	我病咗。 *ngóh behng jó*
I need an English-speaking doctor.	我需要講英文嘅醫生。 *ngóh sēui yiu góng yīng màhn ge yī sāng*
It hurts here.	呢度痛。 *nī douh tung*
I have a stomachache.	我肚痛。 *ngóh tóu tung*

HEALTH & SAFETY • 159

FINDING A DOCTOR

Can you recommend a doctor/dentist?	你可唔可以介紹一位醫生/牙醫？ *néih hó m hó yíh gaai siuh yāt wái yīsāng/ngàh yī*
Can the doctor come here?	醫生可唔可以嚟呢度？ *yī sāng hó m hó yíh làih nī douh*
I need an English-speaking doctor.	我需要講英文嘅醫生。 *ngóh sēui yiu góng yīng màhn ge yī sāng*
What are the office hours?	辦公時間係幾時？ *baahn gūng sìh gaan haih géi sìh*
I'd like an appointment for...	我想要同…預約。 *ngóh séung yiu tùhng… yuh yeuk*
today	今日 *gām yaht*
tomorrow	聽日 *tīng yaht*
as soon as possible	儘快 *jeuhn faai*
It's urgent.	好急。 *hóu gāpvtv*

SYMPTOMS

I'm...	我… *ngóh…*
bleeding	流緊血 *làuh gán hyut*
constipated	便秘 *bihn bei*
dizzy	頭暈 *tàuh wàhn*

160 • HEALTH & SAFETY

nauseous	想嘔ᅠ	
	séung ngáu	
vomiting	嘔	
	ngáu	
It hurts here.	呢度痛。	
	nī douh tung	
I have…	我…	
	ngóh…	
an allergic reaction	有過敏反應	
	yáuh gwo máhn fáan ying	
chest pain	心口痛	
	sām háu tung	
cramps	有抽筋	
	yáuh chāu gān	
a cut	有傷口	
	yáuh sēung háu	
diarrhea	肚屙	
	tóuh ngō	
discharge	排瀉物	
	pàaih sit maht	
an earache	耳仔痛	
	yíh jái tung	
a fever	發燒	
	faat sīu	
pain	痛	
	tung	
a rash	出疹	
	chēut chán	
a sprain	扭傷	
	náu sēung	
some swelling	有腫	
	yáuh júng	

a sore throat	喉嚨痛	
	hàuh lùhng tung	
a stomachache	肚痛	
	tóuh tung	
sunstroke	中暑	
	jung syú	
I've been sick [ill] for...days.	我病咗已經…日喇。	
	ngóh behng jó yíh gīng…yaht la	

For Numbers, see page 20.

CONDITIONS

I'm anemic.	我有貧血。	
	ngóh yáuh pàhn hyut	
I'm allergic to antibiotics.	我對抗生素過敏。	
	ngóh deui kong sāng sou gwo máhn	
I have…	我有…	
	ngóh yáuh…	
arthritis	關節炎	
	gwāan jit yìhm	
asthma	哮喘	
	hāau chyún	
a heart condition	心臟病	
	sām johng behng	
diabetes	糖尿病	
	tòhng niuh behng	
high/low blood pressure	高/低血壓	
	gōu/dāi hyut ngaat	
I'm epileptic.	我係癲癇患者。	
	ngóh haih dīn hàahn waahn jé	
I'm on…	我喺食…	
	ngóh haih sihk…	

For Dietary Requirements, see page 184.

YOU MAY HEAR...

點樣?	What's wrong?
dím yéung	
邊度痛?	Where does it hurt?
bīn douh tung	
呢度痛唔痛?	Does it hurt here?
nī douh tung m tung	
你食緊藥?	Are you on medication?
néih sihk gán yeuhk	
你對乜野過敏?	Are you allergic to anything?
néih deui māt yéh gwo máhn	
打開口。	Open your mouth.
dá hōi háu	
深呼吸。	Breathe deeply.
sām fū kāp	
唔該咳一下。	Cough, please.
m gōi kāt yāt háh	
去睇專科。	See a specialist.
heui tái jyūn fō	

去醫院。 *heui yī yún*	Go to the hospital.
你… *néih…*	It's…
骨折 *gwāt jit*	broken
會傳染 *wúih chyùhn yíhm*	contagious
有感染 *yáuh gám yíhm*	infected
扭傷 *náuh sēung*	sprained
唔緊要 *m gán yiu*	nothing serious

TREATMENT

Do I need medicine?	我需唔需要食藥? *ngóh sēui m sēui yiu sihk yeuhk*
Can you prescribe a generic drug [unbranded medication]?	你可唔可以開常用藥? *néih hó m hó yíh hōi sèuhng yuhng yeuhk*
Where can I get it?	我喺邊度可以買到? *ngóh hái bīn douh hó yíh máaih dóu*

HOSPITAL

Notify my family, please.	唔該通知我家人。 *m gōi tūng jī ngóh gā yàhn*
I'm in pain.	我好痛。 *ngóh hóu tung*

I need a doctor/nurse.	我需要醫生/護士。 *ngóh sēui yiu yī sāng /wuh sih*
When are visiting hours?	探病時間係幾時? *taam behng sìh gaan haih géi sìh*
I'm visiting…	我嚟探… *ngóh làih taam…*

DENTIST

I have…	我… *ngóh…*
a broken tooth	有一隻爛牙 *yáuh yāt jek laahn ngàh*
lost a filling	嘅補牙甩咗 *ge bóu ngàh lāt jó*
a toothache	牙痛 *ngàh tung*
Can you fix this denture?	你可唔可以修補呢隻假牙? *néih hó m hó yíh sāu bóu nī jek gá ngàh*

For Pharmacy, see page 166.

HEALTH & SAFETY • 165

GYNECOLOGIST

I have cramps/ a vaginal infection.	我有經期腹痛/陰道感染。 *ngóh yáuh gīng kèih fūk tung/ yām douh gám yíhm*
I missed my period.	我月經未嚟。 *ngóh yuht gīng meih làih*
I'm on the Pill.	我食緊避孕藥。 *ngóh sihk gán beih yahn yeuhk*
I'm (...months) pregnant.	我有咗（…月）。 *ngóh yáuh jó (...yuht)*
I'm not pregnant.	我冇懷孕。 *ngóh móuh wàaih yahn*
My last period was...	我上次月經係… *ngóh seuhng chi yuht gīng haih...*

For Numbers, see page 20.

OPTICIAN

I lost...	我唔見咗… *ngóh m gin jó...*
a contact lens	隱形眼鏡 *yán yìhng ngáahn géng*
my glasses	我嘅眼鏡 *ngóh ge geng pín*
a lens	一塊鏡片 *yāt faai geng pín*

PAYMENT & INSURANCE

How much?	幾多錢? *géi dō chín*

166 • HEALTH & SAFETY

Can I pay by credit card?	我可唔可以用信用卡畀錢?
	ngóh hó m hó yíh yuhng seun yuhng kāat béi chín
I have insurance.	我有保險。
	ngóh yáuh bóu hím
I need a receipt for my insurance.	我需要保險收據。
	ngóh sēui yiu bóu hím sāu geui

For Money, see page 33.

PHARMACY

NEED TO KNOW

Where's the pharmacy?	藥房喺邊度?
	yeuhk fòhng hái bīn douh
What time does it open/close?	幾時開門/閂門?
	géi sìh hōi mùhn/sāan mùhn
What would you recommend for...?	你對…有乜野推薦呢?
	néih deui…yáuh māt yéh tēui jin nē
How much do I take?	我要食幾多呢?
	ngóh yiu sihk géi dō nē
Can you fill [make up] this prescription?	你可唔可以提供呢種處方藥?
	néih hó m hó yíh tàih gūng nī júng chyúh fōng yeuhk
I'm allergic to…	我對…敏感。
	ngóh deui…máhn gám

WHAT TO TAKE

How much do I take?	我食幾多呢?
	ngóh sihk géi dō nē
How often?	幾耐食一次?
	géi noih sihk yāt chi
Is it safe for children?	對細蚊仔安唔安全?
	deui sai mān jái ngōn m ngōn chyùhn
I'm taking…	我食緊…
	ngóh sihk gán…

You will likely find some 24-hour pharmacies in larger cities. Standard pharmacy hours are 9:00 a.m. to 9:00 p.m. In the event of an emergency, visit the nearest hospital emergency center.

China is well known for its traditional pharmacies, 中藥 *jūng yeuhk*, which provide many natural remedies: dried and preserved plants, seeds, animal parts and minerals. You may also find acupuncture needles and other holistic healing tools at these locations.

YOU MAY SEE...

一日一次/三次 *yāt yaht yāt chi/sāam chi*	once/three times a day
藥丸 *yeuhk yún*	tablet
滴劑 *dihk jāi*	drop
用茶羹食 *yuhng chàh ngāng sihk*	teaspoon
飯後/飯前/食飯時服用 *faahn hauh/faahn chìhn/sihk faahn sìh fuhk yuhng*	after/before/with meals
空肚服用整個吞下 *jíng go tān hah*	on an empty stomach swallow whole
使人有睡意 *sí yàhn yáuh seuih yi*	may cause drowsiness
只能外用 *jí nàhng noih yuhng*	for external use only

HEALTH & SAFETY • 169

Are there side effects?	有冇副作用?
	yáuh móuh fu jok yuhng
I need something for...	我需要醫…嘅藥。
	ngóh sēui yiu yī…ge yeuhk
a cold	感冒
	gám mouh
a cough	咳
	kāt
diarrhea	肚屙
	tóu ngō
a hangover	宿醉
	sūk jeui
a headache	頭痛
	tàuh tung
insect bites	蟲咬
	chùhng ngáauh
motion sickness	暈浪
	wàhn lohng
a sore throat	喉嚨痛
	hàuh lùhng tung
sunburn	曬傷
	saai sēung
a toothache	牙痛
	ngàh tung
an upset stomach	腸胃不適
	chuhng waih bāt sīk

BASIC SUPPLIES

I'd like...	我要…
	ngóh yiu…

170 • HEALTH & SAFETY

aftershave	鬚後水	*sōu hauh séui*
aspirin	阿斯匹靈	*a sih pāt nìhng*
antiseptic cream	消毒藥膏	*sīu duhk yeuhk gōu*
bandages	繃帶	*bāng dáai*
a comb	一把梳	*yat bá sō*
condoms	避孕套	*beih yahn tou*
contact lens solution	隱形眼鏡藥水	*yán yìhng ngáhn geng yeuhk séui*
deodorant	止汗劑	*jí hohn jāi*
a hairbrush	一把梳	*yāt bá sō*
hairspray	噴髮劑	*pan faat jāi*
insect repellent	殺蟲劑	*saat chùhng jāi*
lotion	乳液	*yúh yihk*
a nail file	指甲銼	*jí gaap cho*
a (disposable) razor	(即棄)剃鬚刀	*(jīk hei) tai sōu dōu*
razor blades	刀片	*dōu pín*
rubbing alcohol [surgical spirit]	外用酒精	*ngoih yuhng jáu jīng*

sanitary napkins [towels]	衛生巾 *waih sāng gān*
shampoo/ conditioner	洗頭水/護髮素 *sái tàuh séui/wuhn faat sou*
soap	番鹼 *fāan gáan*
sunscreen	防曬霜 *fòhng saai sēung*
tampons	棉條 *mìhn tíu*
tissues	紙巾 *jí gān*
toilet paper	廁紙 *chi jí*
a toothbrush	牙刷 *ngàh chaat*
toothpaste	牙膏 *ngàh gōu*

For Baby Essentials, see page 149.

CHILD HEALTH & EMERGENCY

Can you recommend a pediatrician?	你可唔可以介紹一位兒科醫生？ *néih hó m hó yíh gaai siuh yāt wái yìh fō yī sāng*
My child is allergic to…	我嘅細蚊仔對…過敏。 *ngóh ge sai mān jái deui…gwo máhn*
My child is missing.	我嘅細蚊仔唔見咗。 *ngóh ge sai mān jái m gin jó*
Have you seen a boy/girl?	你有冇睇到一個男仔/女仔？ *néih yáuh móuh tái dóu yāt go nàahm jái/ néuih já*

For Police, see page 155.

DISABLED TRAVELERS

ASKING FOR ASSISTANCE

I'm…	我… *ngóh…*
disabled	係殘疾人 *haih chàahn jaht yàhn*
visually impaired	視力唔好 *sih lihk m hóu*
hearing impaired/ deaf	聽力唔好/耳聾 *ting lihk m hóu/yíh lùhng*
unable to walk far/ use the stairs	唔可以行好遠/行樓梯 *m hó yíh hàahng hóu yúhn/hàahng làuh tāi*
Please speak louder.	唔該大聲講。 *m gōi daaih sēng góng*

HEALTH & SAFETY • 173

NEED TO KNOW

Is there...?	有冇⋯?
	yáuh móuh...
access for the disabled	殘疾人通道
	chàahn jaht yàhn tūng douh
a wheelchair ramp	輪椅通道
	lèuhn yí tūng douh
a handicapped-[disabled-] accessible toilet	一間殘疾人可以用嘅洗手間
	yāt gāan chàahn jaht yàhn hó yíh yuhng ge sái sáu gāan
I need...	我需要⋯
	ngóh sēui yiu...
assistance	幫助
	bōng joh
an elevator [a lift]	電梯
	dihn tāi
a ground-floor room	一間一樓嘅房
	yāt gāan yāt láu ge fóng

Can I bring my wheelchair?	我可唔可以帶輪椅?
	ngóh m hó yíh daai lèuhn yí
Are guide dogs permitted?	導盲犬可唔可以入?
	douh màahng hyún hó m hó yíh yahp
Can you help me?	你可唔可以幫我?
	néih hó m hó yíh bōng ngóh
Please open/hold the door.	唔該打開/拉著門。
	m gōi dá hōi/lāai jyuh mùhn

For Emergencies, see page 154.

FOOD & DRINK

EATING OUT	176
MEALS & COOKING	189
DRINKS	206
ON THE MENU	212

FOOD & DRINK

EATING OUT

NEED TO KNOW

Can you recommend a good restaurant/bar?	你可唔可以介紹一間好嘅餐廳/酒吧?
	néih hó m hó yíh gaai siuh yāt gāan hóu ge chāan tēng/jáu bā
Is there a traditional Chinese/an inexpensive restaurant nearby?	附近有冇傳統嘅中國/唔貴嘅餐廳?
	fuh gahn yáuh móuh chyùhn túng ge jūng gwok/m gwai ge chāan tēng
A table for one/two, please.	唔該畀一/兩人嘅檯我。
	m gōi béi yāt/léuhng yàhn ge tói ngóh
Can we sit…?	我哋可唔可以坐喺…?
	ngóh deih hó m hó yíh chóh hái…
here/there	呢度/嗰度
	nī douh/gó douh
outside	外面
	ngoih mihn
in a non-smoking area	禁煙區
	gam yīn kēui
I'm waiting for someone.	我等緊人。
	ngóh dáng gán yàhn
Where's the restroom [toilet]?	洗手間喺邊度?
	sái sáu gāan hái bīn douh
A menu, please.	唔該你畀菜牌我。
	m gōi néih béi choi páai ngóh
What do you recommend?	你介紹乜野菜呢?
	néih gaai siuh māt yéh choi nē
I'd like…	我想要…
	ngóh séung yiu…

Some more…, please.	唔該你再畀一啲…我。
	m gōi néih joi béi yāt dī…ngóh
Enjoy your meal!	慢用！
	maahn yuhng
The check [bill], please.	唔該埋單。
	m gōi màaih dāan
Is service included?	包唔包服務費？
	bāau m bāau fuhk mouh fai
Can I pay by credit card?	我可唔可以用信用卡畀錢？
	ngóh hó m hó yíh yuhng seun yuhng kāat béi chín
Can I have a receipt?	我可唔可以要一張收據？
	ngóh hó m hó yíh yiu yāt jēung sāu geui
Thank you!	多謝！
	dō jeh

WHERE TO EAT

Can you recommend…?	你可唔可以介紹…？
	néih hó m hó yíh gaai siuh…
a restaurant	一間餐廳
	yāt gāan chāan tēng
a bar	一間酒吧
	yāt gāan jáu bā
a cafe	一間咖啡室
	yāt gāan ga fē sāt
a fast-food place	一間快餐店
	yāt gāan faai chāan dim
a snack bar	一間小食店
	yāt gāan síu sihk dim

Authentic Chinese food should be one of the highlights of your trip. By Chinese tradition, food should be filling and have a healing effect; a Chinese meal is based on balance. Because of size of the country, Chinese cuisine varies greatly from region to region. The main styles are:

Beijing (Northern) cuisine
Wheat, not rice, is the staple in northern China, so Beijing cuisine is comprised mainly of noodles, steamed bread and dumplings. Beijing is the place to order Peking duck, a roasted, crisy-skinned duck wrapped in wafer-thin pancake with spring onions and sweet bean sauce.

Cantonese (Southern) cuisine
The majority of Chinese restaurants outside of China feature Cantonese-style cooking, so you will likely be familiar with the dishes and flavors. Steaming and stir-frying are the signatures of Cantonese cooking; these methods preserve the food's natural colors, flavors and vitamins. Rice, steamed or stir-fried, is the traditional accompaniment to a Cantonese-style meal.

Hunan (Central) cuisine
Chili pepper is a popular spice here, as in the neighboring Sichuan region, home of Szechuan cuisine. Hunan cuisine is known for rich sweet-and-sour sauces. Smoked and cured food is also popular.

Shanghai (Eastern) cuisine
Seafood and vegetable dishes abound, since this cuisine is based around the coastal areas of Shanghai. Be sure to sample the steamed freshwater crab, honey-fried eel, yellowfish and sautéed shrimp.

Szechuan (Western) cuisine
This province is well-known for its hot, peppery dishes. Food is not just spicy; Szechuan cooking combines a number of flavors: bitter, sweet, tart and sour.

FOOD & DRINK • 179

a teahouse	一間茶樓
	yāt gāan chàh làuh
a cheap restaurant	一間平價餐廳
	yāt gāan pèhng ga chāan tēng
an expensive restaurant	一間貴價餐廳
	yāt gāan gwai ga chāan tēng
a restaurant with a good view	一間風景好嘅餐廳
	yāt gāan fūng gíng hóu ge chāan tēng
an authentic/ a non-touristy restaurant	一間味道正宗/非旅遊觀光嘅餐廳
	yāt gāan meih douh jing jūng/fēi léuih yàuh gūn gwōng ge chāan tēng

RESERVATIONS & PREFERENCES

I'd like to reserve a table…	我想訂一張…嘅檯。
	ngóh séung dehng yāt jēung…ge tói
for two	兩個人
	léuhng go yàhn
for this evening	今晚
	gām māan
for tomorrow at…	聽日…
	tīng yaht…
A table for two, please.	唔該畀一張兩個人嘅檯我。
	m gōi béi yāt jēung léuhng go yàhn ge tói ngóh
We have a reservation.	我哋有訂檯。
	ngóh deih yáuh dehng tói
My name is…	我嘅名係…
	ngóh ge méng haih…
Can we sit…?	我哋可唔可以坐喺…?
	ngóh deih hó m hó yíh chóh hái…
here/there	呢度/嗰度
	nī douh/gó douh

outside	外面	
	ngoh mihn	
in a non-smoking area	禁煙區	
	gam yīn kēui	
by the window	近窗口	
	gahn chēung háu	
in the shade	樹蔭下	
	syuh yam hah	
in the sun	太陽下	
	taai yèuhng hah	
Where are the toilets?	洗手間喺邊度？	
	sái sáu gāan hái bīn douh	

YOU MAY HEAR…

你有冇訂枱？	Do you have a reservation?
néih yáuh móuh dehng tói	
幾多人？	How many?
géi dō yàhn	
吸煙區定係禁煙區？	Smoking or non-smoking?
kāp yīn kēui dihng gam yīn kēui	
你可以叫野未？	Are you ready to order?
néih hó yíh giu yéh meih	
你想食乜野呢？	What would you like?
néih séung sihk māt yéh nē	
我介紹…	I recommend…
ngóhgaai siuh…	
慢慢食。	Enjoy your meal.
maahn máan sihk	

HOW TO ORDER

Waiter/Waitress!	伙記！
	fó gei
We're ready to order.	我哋可以叫野喇。
	ngóh deih hó yíh giu yéh la
The wine list, please.	唔該畀酒牌我。
	m gōi béi jáu páai ngóh
I'd like…	我想要…
	ngóh séung yiu…
a bottle of…	一樽…
	yāt jēun…
a carafe of…	一礶…
	yāt jā…
a glass of…	一杯…
	yāt būi…
The menu, please.	唔該你畀菜牌我。
	m gōi néih béi choi páai ngóh
Do you have a menu in English/children's menu?	你係唔係有英文菜牌/兒童菜牌？
	néih haih m haih yáuh yīng màhn choi páai/yìh tùhng choi páai

182 • FOOD & DRINK

YOU MAY SEE...

附加費 *fuh gā fai*	cover charge
固定價格 *gu dihng ga gaak*	fixed-price
菜單 *choi dāan*	menu
當日菜單 *dōng yaht choi dāan*	menu of the day
（不）包括服務費 *(bāt) bāau kwut fuhk mouh fai*	service (not) included
配菜 *pui choi*	side dishes
特色菜 *dahk sīk choi*	specials

Do you have a fixed-price menu?	你有冇固定價格嘅菜單？ *néih yáuh móuh gu dihng ga gaak ge choi dāan*
What do you recommend?	你介紹乜野？ *néih gaai siuh māt yéh*
What's this?	呢啲係乜野？ *nī dī haih māt yéh*
What's in it?	裏面有乜野？ *léuih mihn yáuh māt yéh*
Is it spicy?	辣唔辣？ *laaht m laaht*
I'd like…	我想要… *ngóh séung yiu…*

More..., please.	唔該我想再要…
	m gōi ngóh séung joi yiu...
With/Without..., please.	有/冇…唔該
	yáuh/móuh...m gōi
I can't have...	我唔食得…
	ngóh m sihk dāk...
rare	嫩肉
	nyuhn yuhk
medium	半生熟
	bun sāang suhk
well-done	全熟
	chyùhn suhk
It's to go [take away].	我要拎走。
	ngóh yiu nīng jáu

For Drinks, see page 206.

COOKING METHODS

baked	烤
	hāau
boiled	煮
	jyú
braised	燜
	mān
creamed	提取乳脂
	tàih chéui yúh jī
diced	切成細塊
	chit sìhng sai faai
fileted	去骨切片
	heui gwāt chit pín
fried	煎
	jīn

grilled	烤	*hāau*
poached	水煮	*séui jyú*
roasted	烤	*hāau*
sautéed	炒	*cháau*
smoked	薰	*fān*
steamed	蒸	*jīng*
stewed	燉	*dahn*
stuffed	有餡	*yáuh háam*

DIETARY REQUIREMENTS

I'm…	我係…	*ngóh haih…*
diabetic	糖尿病患者	*tòhng liuh behng waahn jé*

FOOD & DRINK • 185

lactose intolerant	乳糖過敏者
	yúh tòhng gwo mán jé
vegetarian	素食者
	sou sihk jé
vegan	素食者
	sou sihk jé
I'm allergic to...	我對…敏感。
	ngóh deui...máhn gám
I can't eat...	我唔食得…
	ngóh m̀ sihk dāk...
dairy	乳製品
	yúh jai bán
gluten	麵筋
	mihn gān
nuts	硬殼果
	ngaahng hok gwó
pork	豬肉
	jyū yuhk
shellfish	貝類
	bui leuih
spicy foods	辣
	laaht
wheat	麵
	mihn
Is it halal/kosher?	呢啲係唔係清真食品/猶太食品？
	nī dī haih m̀ haih chīng jān sihk bán/yàuh taai sihk bán
Do you have...?	你有冇…?
	néih yáuh móuh
skimmed	脫脂嘅
	tyut jī ge
whole milk	全脂奶
	chyùhn jī náaih
soya milk	豆漿
	dauh jēung

DINING WITH CHILDREN

Do you have children's portions?	你哋有冇兒童餐？ *néih deih yáuh móuh yìh tùhng chāan*
A highchair/child's seat, please.	唔該畀一張高凳/BB凳我。 *m gōi béi yāt jēung gōu dang/bìh bī dang ngóh*
Where can I feed/change the baby?	我喺邊度可以餵BB/幫BB換尿片？ *ngóh hái bīn douh hó yíh wai bìh bī/bōng bìh bī wuhn liuh pín*
Can you warm this?	你可唔可以加熱？ *néih hó m hó yíh gā yiht*

HOW TO COMPLAIN

How much longer will our food be?	仲要幾耐時間幫我哋上菜？ *juhng yiu géi noih sìh gaan bōng ngóh deih séung choi*
We can't wait any longer.	我哋唔可以再等喇。 *ngóh deih m hó yíh joi dáng la*
We're leaving.	我哋要走喇。 *ngóh deih yiu jáu la*

I didn't order this.	我冇叫呢碟菜。
	ngóh móuh giu nī dihp choi
I ordered…	我叫咗…
	ngóh giu jó…
I can't eat this.	呢個唔食得。
	nī go m̀ sihk dāk
This is too…	呢個太…
	nī go taai…
cold/hot	凍/熱
	dung/yiht
salty/spicy	鹹/辣
	hàahm/laaht
tough/bland	硬/淡
	ngaahng/táahm
This isn't clean/fresh.	呢個唔乾淨/新鮮。
	nī go m̀ gōn jehng/sān sīn

PAYING

The check [bill], please.	埋單。
	màaih dāan
Separate checks [bills], please.	分開畀。
	fān hōi béi
It's all together.	一齊畀。
	yāt chàih béi
Is service included?	包唔包服務費？
	bāau m̀ bāau fuhk mouh fai
What's this amount for?	呢啲係乜野費用？
	nī dī haih māt yéh fai yuhng
I didn't have that. I had…	我冇食呢個。我食嘅係…
	ngóh móuh sihk nī go ngóh sihk ge haih…

Can I have an itemized bill/ a receipt?	你可唔可以畀一張詳細帳單/收據我？ *néih hó m hó yíh béi yāt jēung chèuhng sai jeung dāan/sāu geui ngóh*
That was delicious!	呢個好好食！ *nī go hóu hóu sihk*
I've already paid.	我已經俾咗錢。 *ngóh yíh gīng béi jó chín*

For Numbers, see page 20.

Tipping is not expected nor is it compulsory in China, though, in Hong Kong, it is fairly common. Service charges may apply in some restaurants, especially those that offer private rooms. You won't see tax included on the bill; there is no sales tax in China.

MEALS & COOKING

> The Chinese tend to eat early. Breakfast, 早餐 *jóu chāan*, is usually served from 6:00 to 8:00 a.m. and lunch, 晏晝 *ngaan jau*, from 11:00 a.m. to 1:00 p.m. You probably won't be able to order dinner, 晚飯 *máahn faahn*, past 8:00 p.m., except in the south, where social life continues until late in the evening. Chinese meals are enjoyed in a group. Tables often have revolving platforms so the various dishes can be shared; using chopsticks lengthens the reach.

BREAKFAST

bacon	鹹肉	
	hàahm yuhk	
bread	麵包	
	mihn bāau	
butter	牛油	
	ngàuh yàuh	
cereal	麥片	
	mahk pín	
cheese	芝士	
	jī sí	
coffee/tea…	…咖啡/茶	
	…ga fē/chàh	
black	黑	
	hāk	
decaf	無咖啡因嘅	
	mòuh ga fē yān ge	

FOOD & DRINK

with milk	加牛奶	*gā ngàuh náaih*
with sugar	加糖	*gā tòhng*
with artificial sweetener	加代糖	*gā doih tòhng*
deep-fried dough sticks	油炸鬼	*yàuh ja gwái*
egg, fried	煎蛋	*jīn dáan*
egg, hard-/soft-boiled	蛋煮得老/嫩	*dáan jyú dāk lóuh/nyuhn*
egg, hard-boiled in tea-leaf water	茶葉蛋	*chàh yihp dáan*
jam	果占	*gwó jīm*
jelly	啫喱	*jē léi*
…juice	…汁	*…jāp*
apple	蘋果	*pìhng gwó*
grapefruit	西柚	*sāi yáu*
orange	橙	*cháang*
milk	牛奶	*ngàauh náaih*
oatmeal	麥皮	*mahk pèih*
omelet	菴列	*ngām liht*
rice porridge	粥	*jūk*

FOOD & DRINK • 191

sausage	香腸 *hēung chéung*
sesame seed cake	芝麻燒餅 *jī màh sīu béng*
soy milk	豆奶 *dauh náaih*
steamed bun	饅頭 *maahn tàuh*
steamed, stuffed bun	包 *bāau*
toast	多士 *dō sí*
yogurt	乳酪 *yúh lohk*
water	水 *séui*

> Continental breakfast is served at most hotels that cater to Europeans and Americans. If you prefer a Chinese breakfast, your meal will usually be comprised of rice or wheat porridge, to which almost anything can be added, such as fried dough or salted fish. Noodle soup with pieces of pork and/or vegetables is another popular Chinese breakfast.

APPETIZERS

chicken feet	鳳爪 *fuhng jáau*
cold jellyfish in sauce	涼拌海蜇皮 *lèuhng buhn hói jit pèih*

192 • FOOD & DRINK

cold stewed beef in sauce	鹵牛肉 *lóuh ngàuh yuhk*
crispy vinegar cucumber	涼拌黃瓜 *lèuhng buhn wòhng gwā*
pickles	泡菜 *paau choi*
preserved egg	皮蛋 *pèih dáan*
shrimp with salt and pepper	椒鹽蝦 *jīu yìhm hā*
sliced ham	火腿 *fó téui*
smoked meat	薰肉 *fān yuhk*
spring roll	春卷 *chēun gyún*
steamed bun	蒸包 *jīng bāau*
steamed dumplings	蒸餃 *jīng gáau*

> ⓘ Chinese appetizers are ordered before a meal. In many restaurants, you can order a platter with a selection of mostly cold dishes.

SOUP

…soup	…湯 *…tōng*
bean curd	豆腐 *dauh fuh*

chicken	雞	*gāi*
corn and egg	粟米蛋	*sūk máih dáan*
egg drop	蛋花	*daahn fā*
hot and sour	酸辣	*syūn laaht*
meat, seafood and egg	三鮮	*sāam sīn*
pork	肉絲	*yuhk sī*
seafood	海鮮	*hói sīn*
spare rib	排骨	*pàaih gwāt*
squid	魷魚	*yàuh yú*
tomato	蕃茄	*fāan ké*
vegetable	菜	*choi*

When in China, you may wish to follow Chinese etiquette. Sip your soup directly from the soup bowl or use the ceramic soup spoon provided. Elbows remain on the table and bowls are lifted off the table while enjoying the soup.

FISH & SEAFOOD

clam	蜆
	hín
cod	鱈魚
	syut yú
crab	蟹
	háaih
crucian carp	鯽魚
	jāk yú
grass carp	草魚
	chóu yú
hairtail	帶魚
	daai yú
halibut	大比目魚
	daaih béi muhk yú
herring	鯡魚
	pàaih yú
lobster	龍蝦
	lùhng hā
octopus	章魚
	jēung yùh
oyster	蠔
	hòuh

salmon	三文魚	*sāam màhn yú*
sea bass	鱸魚	*lòuh yú*
shrimp	蝦	*hā*
silver carp	鰱魚	*lìhn yú*
sole	板魚	*báan yú*
squid	魷魚	*yàuh yú*
swordfish	劍魚	*gim yú*
trout	鱒魚	*jēun yú*
tuna	金槍魚	*gām chōng yú*

MEAT & POULTRY

beef	牛肉	*ngàuh yuhk*

FOOD & DRINK

chicken	雞肉	
	gāi yuhk	
cured pork	鹹肉	
	hàahm yuhk	
duck	鴨肉	
	ngaap yuhk	
ham	火腿	
	fó téui	
heart (pork)	(豬)心	
	(jyū) sām	
kidney (pork)	(豬)腰	
	(jyū) yīu	
lamb	羊肉	
	yèuhng yuhk	
liver	豬肝	
	jyū gōn	
oxen entrails	牛雜	
	ngàuh jaahp	
oxen tripe	牛柏葉	
	ngàuh paak yihp	
pork	豬肉	
	jyū yuhk	
pork tripe	豬肚	
	jyū tóuh	
rabbit	兔肉	
	tou yuhk	
sausage	香腸	
	hēung chéung	
spare ribs	豬扒	
	jyū pá	
steak	牛扒	
	ngàuh pá	

FOOD & DRINK • 197

VEGETABLES & STAPLES

asparagus	露筍
	louh séun
broccoli	西蘭花
	sāi làahn fā
cabbage	椰菜
	yèh choi
carrot	紅蘿蔔
	hùhng lòh baahk
cauliflower	菜心
	choi sām
celery	芹菜
	kàhn choi
Chinese cabbage	白菜
	baahk choi
Chinese long bean	荷蘭豆
	hòh lāan dáu
Chinese water spinach	通菜
	tūng choi
corn	粟米
	sūk máih
eggplant [aubergine]	矮瓜
	ngái gwā
garlic	蒜
	syun
green bean	扁豆
	bín dáu
leaf mustard	芥菜
	gaai choi
lettuce	生菜
	sāang choi

mushroom	蘑菇	*mòh gū*
noodles	麵	*mihn*
nori (type of seaweed)	紫菜	*jí choi*
olive	橄欖	*gaam láam*
pea	豆	*dáu*
potato	薯仔	*syùh jái*
radish	蘿蔔	*lòh baahk*
red/green pepper	紅/青椒	*hùhng/chēng jīu*
rice	米	*máih*
scallion	大蔥	*daaih syun*
seaweed	海帶	*hói daai*
soy bean	黃豆	*wòhng dáu*

FOOD & DRINK • 199

spinach	菠菜 *bō choi*
tofu	豆腐 *dauh fuh*
tomato	蕃茄 *fāan ké*
vegetable	菜 *choi*

> The proper way to eat a bowl of rice is to hold the bowl up with one hand and push the rice into your mouth with chopsticks. Do not stick the chopsticks upright into a bowl of rice; this is considered an ominous sign as it resembles incense sticks burned for funerals or at shrines. When you have finished your meal, rest the chopsticks across the top of the bowl or place them on the table.

FRUIT

apple	蘋果 *pìhng gwó*
apricot	杏 *hahng*
banana	香蕉 *hēung jīu*
cherry	車厘子 *chē lèih jí*
Chinese dates	棗 *jóu*
crab apple	山碴 *sāan jā*

200 • FOOD & DRINK

fruit	生果	*sāang gwó*
grape	提子	*tàih jí*
grapefruit	西柚	*sāi yáu*
kiwi	奇異果	*kèih yih gwó*
lemon	檸檬	*nìhng mūng*
lime	青檸	*chēng níng*
longan fruit	龍眼	*lùhng ngáahn*
lychee	荔枝	*laih jī*
mandarin orange	柑	*gām*
mango	芒果	*mōng gwó*
melon	蜜瓜	*maht gwā*
orange	橙	*cháang*
peach	桃	*tóu*
pear	梨	*léih*
pineapple	菠蘿	*bō lòh*
plum	李	*léih*

pomegranate	石榴	
	sehk láu	
red bayberry	楊梅	
	yèuhng múi	
strawberry	草莓/士多啤厘	
	chóu múi/sih dō bē léi	

The Chinese rarely finish a meal with dessert but, instead, have fruit. In general, sweets are eaten as snacks. You can buy desserts at bakeries and teahouses and in some supermarkets.

DESSERT

mixed fruit	生果	
	sāang gwó	
sweetened red bean paste	紅豆沙	
	hùhng dáu sā	

SAUCES & CONDIMENTS

salt	鹽
	yìhm
pepper	胡椒
	wùh jīu
mustard	芥末
	gaai muht
ketchup	蕃茄醬
	fāan kē jeung

AT THE MARKET

> **YOU MAY HEAR…**
>
> 我可唔可以幫你？
> *ngóh hó m hó yíh bōng néih*
> 你想要乜野？
> *néih séung yiu māt yéh*
> 仲要唔要第二啲？
> *juhng yiu m yiu daih yih dī*
> 嗰啲係港幣。
> *gó dī haih góng baih*
>
> Can I help you?
> What would you like?
> Anything else?
>
> That's…Hong Kong dollars.

Where are the trolleys/baskets?	手推車/購物籃喺邊度？
	sáu tēui chē/kau maht láam hái bī douh
Where is…?	…喺邊度？
	…hái bīn douh
I'd like some of that/this.	我想要嗰個/呢個。
	ngóh séung yiudī gó go/nī go

FOOD & DRINK • 203

Can I taste it?	我可唔可以試吓?
	ngóh hó m hó yíh si háh
I'd like…	我想要…
	ngóh séung yiu…
a kilo/	一公斤/半公斤…
half-kilo of…	*yāt gūng gān/bun gūng gān…*
a liter of…	一升…
	yāt sīng…
a piece/slice of…	一塊…
	yāt faai…
More./Less.	多啲/少啲。
	dō dī/síu dī
How much?	幾多錢?
	géi dō chín
Where do I pay?	我喺邊度畀錢?
	ngóh hái bīn douh béi chín
A bag, please.	唔該畀一個袋我。
	m gōi béi yāt go dói ngóh
I'm being helped.	有人幫我喇。
	yáuh yàhn bōng ngóh la

For Money, see page 33.

In major cities in China, you'll find supermarkets selling a variety of goods, often imported, as well as food items. Most food shopping is done at local markets, where fresh meat, fish, fruit and vegetables can be found. Small grocery stores and convenience stores sell food items such as spices and sauces. You may also be able to purchase cigars and liquor at these stores.

IN THE KITCHEN

bottle opener	開瓶器
	hōi pìhng hei
bowl	碗
	wún
can opener	罐頭刀
	gun táu dōu
ceramic spoon	湯羹
	tōng gāng
clay pot	沙鍋
	sā wō
corkscrew	開酒器
	hōi jáu hei
cup	杯
	būi
fork	叉
	chā
frying pan	鑊
	wohk
glass	玻璃杯
	bō lēi būi
knife	餐刀
	chāan dōu
measuring cup	量杯
	lèuhng būi
measuring spoon	量羹
	lèuhng gāng
napkin	餐巾
	chāan gān
plate	碟
	díp
pot	鍋
	wō

FOOD & DRINK • 205

YOU MAY SEE...

過期日 *gwo kèih*	expiration date
卡路里 *kā louh léih*	calories
無脂肪 *mòuh jī fōng*	fat free
需冷藏 *sēui láahng chòhng*	keep refrigerated
含有微量… *hàhm yáuh mèih leuhng*	may contain traces of…
微波爐可用 *mèih bō lòuh hó yuhng*	microwaveable
喺…之前出售 *hái…jī chìhn chēut sauh*	sell by…
適合素食者 *sīk hahp sou sihk jé*	suitable for vegetarians

spatula	鏟 *cháan*
spoon	瓷羹 *chìh gāng*
steamer	蒸鍋 *jīng wō*
wok	鑊 *wohk*

For Domestic Items, see page 86.

DRINKS

NEED TO KNOW

The wine list please.	唔該畀酒牌我。
	m gōi béi jáu páai ngóh
What do you recommend?	你介紹乜野？
	néih gaai siuh māt yéh
I'd like a bottle/glass of red/white wine.	我想要一樽/杯紅/白酒。
	ngóh séung yiu yāt jēun/ būi hùhng/baahk jáu
Another bottle/ glass, please.	唔該再畀一樽/杯我。
	m gōi joi béi yāt jēun/būi ngóh
I'd like a local beer.	我想飲當地嘅啤酒。
	ngóh séung yám dōng deih ge bē jáu
Can I buy you a drink?	我可唔可以請你飲？
	ngóh hó m hó yíh chéng néíh yám
Cheers!	乾杯！
	gōn būi
A coffee/tea, please.	唔該畀一杯咖啡/茶我。
	m gōi béi yāt būi ga fē/chàh ngóh
Black.	黑
	hāk
With…	加…
	gā…
milk	牛奶
	ngàuh náaih
sugar	糖
	tòhng
artificial sweetener	代糖
	doih tòhng

FOOD & DRINK • 207

A…, please.	唔該畀一杯⋯我。
	m gōi béi yāt būi…ngóh
juice	果汁
	gwó jāp
soda	蘇打水
	sō dá séui
sparkling/ still water	有汽/蒸餾水
	yáuh hei/jīng lauh séui
Is the water safe to drink?	呢啲水可唔可以飲？
	nī dī séui hó m̀ hó yíh yám

NON-ALCOHOLIC DRINKS

coffee	咖啡
	ga fē
cola	可樂
	hó lohk
hot chocolate	熱朱古力
	yiht jyū gū līk
juice	果汁
	gwó jāp
…tea	⋯茶
	…chàh
green	綠
	luhk
jasmine	茉莉花
	muht léih fā
lemon	檸檬
	nìhng mūng

Tea is the most popular beverage in China. Although teahouses are not as common as they once were, they are still an ideal location to sample the traditional drink, enjoyed without milk or sugar. In most hotel rooms you will find flasks with hot water and green or black teabags. Ground coffee is hard to find, though instant coffee is generally available.

Do not drink water directly from the tap. Instead, try mineral water or Chinese soft drinks which are generally very sweet and are sold everywhere. Soy milk is very popular but cow's milk can be found in some supermarkets.

milk	奶	
	náaih	
oolong	烏龍	
	wū lúng	
milk	牛奶	
	ngàuh náaih	
soda	蘇打水	
	sō dá séui	

soymilk	豆奶
	dauh náaih
sparkling/still water	有汽/蒸餾水
	yáuh hei/jīng lauh séui

> **YOU MAY HEAR...**
>
> 我可唔可以請你飲野？
> *ngóh hó m hó yíh chéng néīh yám yéh*
> 加牛奶定係加糖？
> *gā ngàuh náaih dihng haih gā tòhng*
> 有汽水定係蒸餾水？
> *yáuh hei séui dihng haih jīng lauh séui*
>
> Can I get you a drink?
> With milk or sugar?
> Sparkling or still water?

APERITIFS, COCKTAILS & LIQUEURS

brandy	白蘭地酒
	baahk lāan déi jáu
Chinese liqueurs	白酒
	baahk jáu
gin	氈酒
	jīn jáu
rum	林酒
	lām jáu
scotch	蘇格蘭威士忌酒
	sōu gaak làahn wāi sih géi
tequila	龍舌蘭酒
	lùhng sit làahn jáu
vodka	伏特加酒
	fuhk dahk gā jáu
whisky	威士忌酒
	wāi sih géi jáū

BEER

beer	啤酒
	bē jáu
bottled/draft	樽/生
	jēung/sāang
dark/light	黑/淡
	hāk/táahm
local/imported	當地/進口
	dōng deih/jeun háu
Tsingtao® beer	青島啤酒
	chīng dóu bē jáu
lager/pilsener	淡啤/捷克黃啤
	táahm bē/jiht hāk wòhng bē
non-alcoholic	唔含酒精
	m̀ hàhm jáu jīng

WINE

wine	葡萄酒
	pòuh tòuh jáu

FOOD & DRINK • 211

champagne	香檳
	hēung bān
red/white	紅酒/白酒
	hùhng jáu/baahk jáu
table	餐酒
	chāan jáu
sparkling	汽酒
	hei jáu
dessert wine	飯後甜酒
	faahn hauh tìhm jáu
dry/sweet	乾/甜
	gōn/ tìhm

Though the Chinese are not widely known for their alcoholic drinks, there is a surprisingly large choice on offer. Chinese wine is generally sweet and has been produced in China for thousands of years. Each region has its own speciality, usually made from rice, fruit, flowers or herbs. Tsingtao® is a popular Chinese beer, brewed from the spring water of the Laoshan mountain. You may wish to try a local beer too as each region has its own.

Chinese liqueurs are often infused with local favorites such as bamboo leaves, chrysanthemum and cloves. The most famous spirits include 茅台酒 *màauh tòih jáu* and 五粮液 *ngh lèuhng yihk*. Ground coffee is hard to find, though instant coffee is generally available.

Do not drink water directly from the tap. Instead, try mineral water or Chinese soft drinks which are generally very sweet and are sold everywhere. Soy milk is very popular but cow's milk can be found in some supermarkets.

212 • FOOD & DRINK

ON THE MENU

almond	杏仁	*hahng yàhn*
anchovy	鯷魚	*sìh yúh*
aperitif	開胃酒	*hōi waih jáu*
apple	蘋果	*pìhng gwó*
apricot	杏	*hahng*
artificial sweetener	代糖	*doih tòhng*
asparagus	露筍	*louh séun*
avocado	牛油果	*ngàuh yàuh gwó*
banana	香蕉	*hēung jīu*
bass	鱸魚	*lòuh yú*
bay leaf	月桂葉	*yuht gwai yihp*
bean	豆	*dáu*
bean sprout	芽菜	*ngàh choi*
beef	牛肉	*ngàuh yuhk*
beer	啤酒	*bē jáu*

FOOD & DRINK • 213

brandy	白蘭地酒
	baahk lāan déi jáu
bread	麵包
	mihn bāau
breast (of chicken)	雞胸肉
	gāi hūng yuhk
broth	湯
	tōng
butter	牛油
	ngàuh yàuh
buttermilk	乳酪
	yúh lohk
cabbage	椰菜
	yèh choi
cake	蛋糕
	daahn gōu
candy [sweets]	糖
	tóng
caramel	焦糖
	jīu tòhng
caraway	茴茜
	yìhm sāi
carrot	蘿蔔
	lòh baahk
cashew	腰果
	yīu gwó
cauliflower	菜心
	choi sām
celery	芹菜
	kàhn choi
cereal	穀物
	gūk maht

214 • FOOD & DRINK

cheese	芝士	*jī sí*
cherry	士多啤厘	*sih dō bē léi*
chervil	細葉芹	*sai yihp kàhn*
chestnut	栗子	*leuht jí*
chicken	雞肉	*gāi yuhk*
chili pepper	辣椒	*laaht jīu*
Chinese dates	棗	*jóu*
Chinese liquor	白酒	*baahk jáu*
chives	香蔥	*hēung chūng*
chocolate	朱古力	*jyū gū līk*
chop	斬	*jáam*
chopped meat	肉餡	*yuhk háam*
cider	蘋果汁	*pìhng gwó jāp*
cilantro [coriander]	香菜	*hēung choi*
cinnamon	肉桂	*yuhk gwai*
clam	蜆	*hín*

FOOD & DRINK • 215

clove	丁香	*dīng hēung*
coconut	椰子	*yèh jí*
cod	鱈魚	*syut yú*
coffee	咖啡	*ga fē*
consommé	清燉肉湯	*chīng dahn yuhk tōng*
cookie [biscuit]	曲奇	*kūk kèīh*
crab	蟹	*háaih*
crab apple	山碴	*sāan jā*
crabmeat	蟹肉	*háaih yuhk*
cracker	餅乾	*béng gōn*
cream	奶油	*náaih yàuh*
cream, whipped	發泡奶油	*faat póu náaih yàuh*
cream cheese	芝士	*jī sí*
crucian carp	鯽魚	*jāak yú*
cucumber	青瓜	*chēng gwā*
cumin	茴茜	*yìhm sāi*
cured pork	鹹肉	*hàahm yuhk*

216 • FOOD & DRINK

custard	蒸蛋
	jīng dáan
dessert wine	飯後甜酒
	faahn hauh tìhm jáu
duck	鴨肉
	ngaap yuhk
dumpling	餃子
	gáau jí
eel	鰻魚
	maahn yú
egg	雞蛋
	gāi dáan
eggs with Chinese chives	韭菜炒雞蛋
	gáu choi cháau gāi dáan
eggs with cucumber	黃瓜炒雞蛋
	wòhng gwā cháau gāi dáan
eggs with a mixture of chopped meat and vegetables	芙蓉蛋
	fùh yùhng dáan
eggs with peeled freshwater shrimp	蝦仁炒蛋
	hā yàhn cháau dáan
pickled egg	皮蛋
	pèih dáan
steamed egg	蒸蛋
	jīng dáan
egg yolk/white	蛋黃/蛋白
	dáan wóng/dáan baahk
eggplant [aubergine]	矮瓜
	ngái gwā
fig	無花果
	mòuh fā gwó

FOOD & DRINK • 217

fish	魚
	yú
French fries	炸薯條
	ja syùh tíu
fritter	油炸餡餅
	yàuh ja háam béng
fruit	生果
	sāang gwó
game	野味
	yéh méi
garlic	蒜
	syun
garlic sauce	蒜香汁
	syun hēung jāp
gin	氈酒
	jīn jáu
ginger	薑
	gēung
goat	羊肉
	yèuhng yuhk
goose	鵝肉
	ngòh yuhk
gooseberry	鵝莓
	ngòh múi
grapefruit	西柚
	sāi yáu
grapes	提子
	tàih jí
grass carp	草魚
	chóu yú
green bean	青豆
	chēng dáu
guava	石榴
	sehk láu

218 • FOOD & DRINK

haddock	黑線鱈
	hāk sin syut
hake	無鬚鱈
	mòuh sōu syut
halibut	大比目魚
	daaih béi muhk yú
ham	火腿
	fó téui
hamburger	漢堡包
	hon bóu bāau
hazelnut	榛子
	jēun jí
heart	心臟
	sām johng
hen	母雞
	móuh gāi
herring	鯡魚
	pàaih yú
honey	蜂蜜
	fūng maht
hot dog	熱狗
	yiht gáu
hot pepper sauce	辣醬
	laaht jeung
ice (cube)	冰
	bīng
ice cream	雪糕
	syut gōu
jam	果占
	gwó jīm
jelly	啫厘
	jē léi

juice	果汁	*gwó jāp*
ketchup	茄汁	*ké jāp*
kid (young goat)	小羊肉	*síu yèuhng yuhk*
kidney	腰	*yīu*
kiwi	奇異果	*kèih yih gwó*
lamb	羊肉	*yèuhng yuhk*
leg	大腿肉	*daaih téui yuhk*
lemon	檸檬	*nìhng mūng*
lemonade	檸檬水	*nìhng mūng séui*
lentil	扁豆	*bín dáu*
lettuce	生菜	*sāang choi*

220 • FOOD & DRINK

lime	青檸 *chēng níng*
liver	肝 *gōn*
lobster	龍蝦 *lùhng hā*
longan fruit	龍眼 *lùhng ngáahn*
macaroni	通心粉 *tūng sām fán*
mackerel	鯖魚 *chīng yú*
mandarin orange	柑 *gām*
mango	芒果 *mōng gwó*
margarine	沙律醬 *sā léut jeung*
marzipan	小杏仁餅 *síu hahng yàhn béng*
mayonnaise	沙律醬 *sā léut jeung*
meat	肉 *yuhk*
melon	瓜 *gwā*
meringue	蛋白甜餅 *dáan baahk tìhm béng*
milk	牛奶 *ngàuh náaih*
milk shake	奶昔 *náaih sīk*

FOOD & DRINK • 221

mint	薄荷	*bohk hòh*
monkfish	扁鯊	*bín sā*
mushroom	蘑菇	*mòh gū*
mussel	青口	*chēng háu*
mustard	芥辣	*gaai laaht*
mutton	羊肉	*yèuhng yuhk*
noodle	麵	*mihn*
nori (a type of seaweed)	紫菜	*jí choi*
nougat	牛奶糖	*ngâuh náaih tóng*
nutmeg	豆蔻	*dauh kau*
nuts	硬殼果	*ngaahng hok gwó*
octopus	章魚	*jēung yùh*
olive	橄欖	*gaam láam*
olive oil	橄欖油	*gaam láam yàuh*
omelet	菴列	*ngām liht*
onion	蔥	*chūng*

222 • FOOD & DRINK

orange	橙
	cháang
orange liqueur	甜橙酒
	tìhm cháang jáu
organ meat [offal]	雜碎
	jaahp seui
ox	黃牛肉
	wòhng ngàuh yuhk
oxtail	牛尾
	ngàuh méih
oyster	蠔
	hòuh
pancake	薄煎餅
	bohk jīn béng
papaya	木瓜
	muhk gwā
paprika	辣椒粉
	laaht jīu fán
pastry	酥皮點心
	sōu péi dím sām
peach	桃
	tóu
peanut	花生
	fā sāng
pear	梨
	léi
peas	豌豆
	wún dáu
pecan	合桃
	hahp tòuh
pepper (seasoning)	胡椒
	wùh jīu

FOOD & DRINK • 223

pepper (vegetable)	辣椒	*laaht jīu*
pheasant	野雞	*yéh gāi*
pickle	泡菜	*paau choi*
pie	餅	*béng*
pineapple	菠蘿	*bō lòh*
pizza	比薩	*pī sàh*
plum	李	*léih*
pomegranate	石榴	*sehk láu*
pork	豬肉	*jyū yuhk*
port	缽酒	*būt jáu*
potato	薯仔	*syùh jái*
potato chips [crisps]	薯片	*syùh pín*
prune	梅	*múi*
pumpkin	南瓜	*nàahm gwā*
quail	鵪鶉	*ngām chēun*
rabbit	兔仔肉	*tou jái yuhk*

224 • FOOD & DRINK

radish	蘿蔔	*lòh baahk*
raisin	提子乾	*tàih jí gōn*
red bayberry	楊梅	*yèuhng múi*
red cabbage	紅葉椰菜	*hùhng yihp yèh choi*
relish	調味品	*tìuh meih bán*
rice	米	*máih*
roast	燒	*sīu*
roast beef	烤牛肉	*hāau ngàuh yuhk*
roll	卷	*gyún*
rum	林酒	*lām jáu*
salad	沙律	*sā léut*
salami	沙樂美腸	*sā lohk méih chéung*
salmon	三文魚	*sāam màhn yú*
salt	鹽	*yìhm*
sandwich	三文治	*sāam màhn jih*
sardine	沙甸魚	*sā dīn yú*
sauce	調味汁	*tìuh meih jāp*

sausage	香腸	
	hēung chéung	
scallion [spring onion]	大蔥	
	daaih syun	
scallop	扇貝	
	sin bui	
scotch	蘇格蘭威士忌	
	sōu gaak làahn wāi sih géi	
sea bass	鱸魚	
	lòuh yú	
sea perch	中國花鱸	
	jūng gwok fā lòuh	
seafood	海鮮	
	hói sīn	
seaweed	海帶	
	hói daai	
shallot	蔥	
	chūng	
shank	小腿肉	
	síu téui yuhk	
shellfish	貝類	
	bui leuih	
sherry	些利酒	
	sē leih jáu	

226 • FOOD & DRINK

shrimp	蝦	*hā*
silver carp	鰱魚	*lìhn yú*
sirloin	牛腩	*ngàuh náahm*
snack	小食	*síu sihk*
snail	蝸牛	*wō ngàuh*
soda	蘇打水	*sō dá séui*
sole	板魚	*báan yú*
soup	湯	*tōng*
sour cream	酸奶油	*syūn náaih yàuh*
soy [soya]	大豆	*daaih dáu*
soy sauce	豉油	*sih yàuh*
soybean [soya bean]	大豆	*daaih dáu*
soymilk [soya milk]	豆奶	*dauh náaih*
spaghetti	意大利粉	*yi daaih leih fán*
spices	香料	*hēung líu*
spinach	菠菜	*bō choi*
spirits	酒	*jáu*

squash	南瓜
	nàahm gwā
squid	烏賊
	wū chaak
steak	牛扒
	ngàuh pá
strawberry	士多啤厘
	sih dō bē léi
suckling pig	乳豬
	yúh jyū
sugar	糖
	tòhng
sweet and sour sauce	甜酸醬
	tìhm syūn jeung
sweet corn	粟米
	sūk mái
sweet pepper	甜椒
	tìhm jīu
sweet potato	番薯
	fāan syú
sweetener	糖精
	tòhng jīng
sweets	糖
	tóng
swordfish	劍魚
	gim yú
syrup	糖漿
	tòhng jēung
tea	茶
	chàh
thyme	麝香草
	seh hēung chóu
tofu	豆腐
	dauh fuh

FOOD & DRINK

breaded tofu	鍋塌豆腐	*wō taap dauh fuh*
cold tofu with garlic sauce	涼拌豆腐	*lèuhng buhn dauh fuh*
crushed tofu with pickled egg	皮蛋豆腐	*pèih dáan dauh fuh*
fried, stuffed tofu	鍋貼豆腐	*wō tip dauh fuh*
spicy tofu	麻婆豆腐	*màh pòh dauh fuh*
tofu in a clay pot	沙鍋豆腐	*sā wō dauh fuh*
tofu with fish	魚片豆腐	*yùh pín dauh fuh*
tofu with meatballs	肉丸豆腐	*yuhk yún dauh fuh*
tofu with peeled freshwater shimp	蝦仁豆腐	*hā yàhn dauh fuh*
toast	多士	*dō sí*
tomato	蕃茄	*fāan ké*
tongue	舌	*sit*
tripe	肚	*tóuh*
trout	鱒魚	*jēung yú*
truffles	菌	*kwán*
tuna	金槍魚	*gām chōng yú*
turkey	火雞	*fó gāi*

FOOD & DRINK • 229

turnip	白蘿蔔	*baahk lòh baahk*
vanilla	雲尼拿	*wahn nēi ná*
veal	牛肉	*ngàuh yuhk*
vegetable	菜	*choi*
venison	鹿肉	*luhk yuhk*
vermouth	苦艾酒	*fú ngaaih jáu*
vinegar	醋	*chou*
vodka	伏特加	*fuhk dahk gā*
walnut	合桃	*hahp tòuh*
water	水	*séui*
watermelon	西瓜	*sāi gwā*
wheat	麵粉	*mihn fán*
whisky	威士忌	*wāi sih géi*
wine	葡萄酒	*pòuh tòuh jáu*
yogurt	乳酪	*yúh lohk*

GOING OUT

GOING OUT	232
ROMANCE	236

GOING OUT

NEED TO KNOW

What's there to do at night?	夜晚可以做乜野呢? *yeh máahn hó yíh jouh māt yéh nē*
Do you have a program of events?	你有冇節目表? *néih yáuh móuh jit muhk bíu*
What's playing tonight?	今晚做乜野? *gām máahn jouh māt yéh*
Where's…?	…喺邊度? *…hái bīn douh*
the downtown area	市中心 *síh jūng sām*
the bar	酒吧 *jáu bā*
the dance club	跳舞俱樂部 *tiu móuh kēui lohk bouh*
Is there a cover charge?	有冇附加費? *yáuh móuh fuh gā fai*

Nightlife is more common in south China than elsewhere; restaurants, bars and cafes usually stay open until at least midnight in the south. However, Hong Kong, which is known as the pearl of the Orient, is a city with a thriving night scene. Bars and dance clubs can be found in major tourist areas and near hotels. English-language newspapers often list cultural ongoings in major cities. Ask about local events at your hotel or check for events listings in a local newspaper.

ENTERTAINMENT

Can you recommend…?	你可唔可以介紹…?
	néih hó m hó yíh gaai siuh…
a concert	一個音樂會
	yāt go yām ngohk wúi
a movie	一部電影
	yāt bouh dihn yíng
an opera	一部歌劇
	yāt bouh gō kehk
a play	一部戲劇
	yāt bouh hei kehk
When does it start/end?	幾點開始/結束?
	géi dím hōi chí/git chūk
Where's…?	…喺邊度?
	…hái bīn douh
the concert hall	音樂廳
	yām ngohk tēng

the opera house	歌劇院	
	gō kehk yún	
the theater	劇院	
	kehk yún	
I like…	我鍾意…	
	ngóh jūng yi…	
classical music	古典音樂	
	gú dín yām ngohk	
folk music	民族音樂	
	màhn juhk yām ngohk	
jazz	爵士樂	
	jeuk sih ngohk	
pop music	流行音樂	
	làuh hàhng yām ngohk	
rap	說唱	
	syut cheung	

For Tickets, see page 47.

YOU MAY HEAR…

唔該熄手機。
m gōi sīk sáu gēi

Turn off your cell [mobile] phones, please.

NIGHTLIFE

What's there to do at night?	夜晚可以做乜野？
	yeh máahn hó yíh jouh māt yéh
Can you recommend…?	你可唔可以介紹…？
	néih hó m hó yíh gaai siuh…

a bar	一個酒吧
	yāt go jáu bā
a casino	一個賭場
	yāt go dóu chèuhng
a dance club	跳舞俱樂部
	tiu móuh kēui lohk bouh
a gay club	一個同性戀俱樂部
	yāt go tùhng sing lyún kēui lohk bouh
a jazz club	爵士樂俱樂部
	jeuk sih ngohk kēui lohk bouh
a club with Chinese music	一間有中國音樂嘅俱樂部
	yāt gāan yáuh jūng gwok yām ngohk ge kēui lohk bouh
Is there live music?	有冇現場音樂?
	yáuh móuh yihn chèuhng yām ngohk
How do I get there?	我點樣去嗰度?
	ngóh dím heui gó douh
Is there a cover charge?	有冇附加費?
	yáuh móuh fuh gā fai
Let's go dancing.	我哋去跳舞啦。
	ngóè deih heui tiu móuh lā
Is this area safe at night?	呢個地區夜晚安唔安全?
	nī go deih kēui yeh máahn ōn m ōn chyùhn

For The Dating Game, see page 236.

ROMANCE

NEED TO KNOW

Would you like to go out for a drink/dinner?	你想唔想出去飲野/食晚飯？ *néih séung m séung chēut heui yám yéh/sihk máahn faahn*
What are your plans for tonight/tomorrow?	今晚/聽日你有乜野計畫？ *gām máahn/tīng yaht néih yáuh māt yéh gai waahk*
Can I have your number?	可唔可以畀你嘅電話號碼我？ *hó m hó yíh béi néih ge dihn wá houh máh ngóh*
Can I join you?	我可唔可以加入？ *ngóh hó m hó yíh gā yahp*
Can I get you a drink?	我可唔可以請你飲野？ *ngóh hó m hó yíh chéng néih yám yéh*
I like/love you.	我鍾意/愛你。 *ngóh jūng yi/ngoi néih*

THE DATING GAME

Would you like to go out for coffee?	你想唔想出去飲咖啡？ *néih séung m séung chēut heui yám ga fē*
Would you like to go out…?	你想唔想出去⋯？ *néih séung m séung chēut heui*
for a drink	飲杯嘢 *yám būi yéh*
for dinner	食飯 *sihk faahn*

What are your plans for...?	你⋯有乜野計畫？
	néih...yáuh māt yéh gai waahk
today	今日
	gām yaht
tonight	今晚
	gām máahn
tomorrow	聽日
	tīng yaht
this weekend	呢個週末
	nī go jāu muht
Where would you like to go?	你想去邊度？
	néih séung heui bīn douh
I'd like to go to...	我想去⋯
	ngóh séung heui...
Do you like...?	你鍾唔鍾意⋯？
	néih jūng m jūng yi...
Can I have your number/e-mail?	可唔可以畀你嘅電話號碼/電郵我？
	hó m hó yíh béi néih ge dihn wá houh máh/dihn yàuh ngóh
Are you on Facebook/Twitter?	你有冇註冊Facebook/Twitter?
	néih yá uh móuh jyu chaak Facebook/Twitter
Can I join you?	我可唔可以加入？
	ngóh hó m hó yíh gā yahp

You're very attractive.	你非常靚。 *néih fēi sèuhng leng*
Let's go somewhere quieter.	我哋去個安靜啲嘅地方啦。 *ngóh deih heui go ngōn jihng dī ge deih fōng lā*

For Communications, see page 92.

ACCEPTING & REJECTING

OK.	好。 *hóu*
Where should we meet?	我哋喺邊度見面？ *ngóh deih hái bīn douh gin mihn*
I'll meet you at the bar/at your hotel.	我喺酒吧/你嘅酒店見你。 *ngóh hái jáu bī/néih ge jáu dim gin néih*
I'll come by at…	我…探你。 *ngóh…taam néih*
What is your address?	你嘅地址係乜野？ *néih ge deih jí haih māt yéh*
Can we make it earlier/later?	我哋可唔可以早/夜啲？ *ngóh deih hó m hó yíh jóu/yeh dī*

How about another time?	第二個時間好唔好？
	daih yih go sìh gaan hóu m hóu
I'm busy.	我好忙。
	ngóh hóu mòhng
I'm not interested.	我冇興趣。
	ngóh móuh hing cheui
Leave me alone.	我一個人得喇。
	ngóh yāt go yàhn dāk la
Stop bothering me!	唔使理我！
	m sái léih ngóh

For Time, see page 25.

> ⓘ The Chinese are generally reserved and may not be comfortable when asked forward questions regarding romance or sexuality.

GETTING INTIMATE

Can I hug/kiss you?	我可唔可以攬住/錫你？
	ngóh hó m hó yíh láam jyuh/sek néih

Yes.	得。
	dāk
No.	唔得。
	m dāk
I like/love you.	我鍾意/愛你。
	ngóh jūng yi/ngoih néíh
Stop!	停!
	tìhng

> Chinese attitudes regarding homosexuality are conservative; therefore, asking about a person's sexuality may not be an appropriate question. Drawing attention to one's sexual orientation is generally discouraged. The gay community in major Chinese cities is growing, though. Larger cities in China may have gay-friendly bars and clubs but often in discreet locations.

SEXUAL PREFERENCES

Are you gay?	你係唔係男同性戀者？
	néih haih m haih nàahm tùhng sing lyún jé
I'm…	我係…
	ngóh haih…
heterosexual	異性戀
	yih sing lyún
homosexual	同性戀
	tùhng sing lyún
bisexual	雙性戀者
	sēung sing lyún jé
Do you like men/women?	你鍾唔鍾意男人/女人？
	néih jūng m jūng yi nàahm yán/néuih yán
Let's go to a gay bar.	我哋去一間基吧啦
	ngóh deih heui yāt gāan gēi bā lā

Into the Deep	深海探奇	→
4千哩		
	水上人家	→
广场 Adventure Square		
	咆哮山洪	→
营救 Typhoon Rescue		
	湖畔食廊	→
索道 Aerial Gondola		
Toilets	洗手间	→

DICTIONARY

ENGLISH–CHINESE 244
CHINESE–ENGLISH 263

ENGLISH–CHINESE

A

accept v 接受 *jip sauh*
access 進入 *jeun yahp*
accident 意外 *yi ngoih*
accommodation 住宿 *jyuh sūk*
account 帳戶 *jeung wuh*
acupuncture 針灸 *jām gau*
adapter 變壓器 *bin ngaat hei*
address 地址 *deih jí*
admission 入場 *yahp chèuhng*
after 以後 *yíh hauh*
aftershave 鬚後水 *sōu hauh séui*
age 年齡 *nìhn nìhng*
agency 代辦處 *doih baahn chyu*
air conditioning 冷氣 *láahng hei*
air pump 氣泵 *hei bām*
airline 航空公司 *hòhng hūng gūng sī*
airmail 航空信 *hòhng hūng seun*
airplane 飛機 *fēi gēi*
airport 飛機場 *fēi gēi chèuhng*
aisle seat 路口位 *louh háu wái*
allergic 敏感 *máhn gám*
allergic reaction 過敏反應 *gwo máhn fáan ying*
allow v 准許 *jéun héui*
alone 單獨 *dāan duhk*
alter v (clothing) 改 *gói*
alternate route 更改路線 *gāng gói louh sin*
aluminum foil 錫紙 *sehk jí*
amazing 令人驚奇嘅 *lihng yàhn gīng kèih ge*
ambulance 救護車 *gau sēung chē*
American 美國人 *méih gwok yàhn*
amusement park 遊樂園 *yàuh lohk yùhn*
anemic 貧血 *pàhn hyut*
anesthesia 麻醉 *màh jeui*
animal 動物 *duhng maht*
ankle 腳眼 *geuk ngáahn*
antibiotic 抗生素 *kong sāng sou*
antiques store 古董店 *gú dúng dim*
antiseptic cream 消毒藥膏 *sīu duhk yeuk gōu*
anything 任何野 *yahm hòh yéh*
apartment 公寓 *gūng yuh*
appendix (body part) 盲腸 *màahng chéung*
appetizer 開胃菜 *hōi waih choi*
appointment 約 *yeuk*
area code 區號 *kēui houh*
arm 手臂 *sáu bei*
aromatherapy 香薰療法 *hēung fān lìuh faat*
around (the corner) 轉角處 *jyun gok chyu*
arrivals (airport) 抵達 *dái daaht*
arrive v 到達 *dou daaht*
artery 動脈 *duhng mahk*
arthritis 關節炎 *gwāan jit yìhm*
Asian (restaurant) 亞洲 *nga jāu*
aspirin 阿斯匹零 *a sī pāt lìhng*
asthmatic 氣喘 *hei chyún*
ATM 自動提款機 *jih duhng tàih fún gēi*
ATM card 自動提款卡 *jih duhng tàih fún kāat*
attack (on person) 攻擊 *gūng gīk*

adj adjective	BE British English	prep preposition
adv adverb	n noun	v verb

attend v 出席 *chēut jihk*
attraction (place) 遊覽勝地 *yàuh láahm sing deih*
attractive 有吸引力嘅 *yáuh kāp yáhn lihk ge*
Australia 澳洲 *ou jāu*

B

baby BB *bìh bī*
baby bottle 奶樽 *náaih jēung*
baby wipe 嬰兒紙巾 *yīng yìh jí gān*
babysitter 保姆 *bóu móuh*
back (body part) 背脊 *bui jek*
backache 背痛 *bui tung*
backpack 背囊 *bui nòhng*
bag 袋 *dói*
baggage [BE] 行李 *hàhng léih*
baggage claim 行李認領 *hàhng léih yihng léhng*
baggage ticket 行李票 *hàhng léih piu*
bakery 麵包鋪 *mihn bāau póu*
ballet 芭蕾 *bā lèuih*
bandage 繃帶 *bāng dáai*
bank 銀行 *ngàhn hòhng*
bar (place) 酒吧 *jáu bā*
barbecue 烤肉 *hāau yuhk*
barber 理髮師 *léih faat sī*
baseball 棒球 *páahng kàuh*
basket (grocery store) 購物籃 *kau maht láam*
basketball 籃球 *làahm kàuh*
bathroom 沖涼房 *chūng lèuhng fóng*
battery 電芯 *dihn sām*
battleground 戰場 *jin chèuhng*
be v 會係 *wúih haih*
beach 海灘 *hói tāan*
beautiful 靚 *leng*
bed 床 *chòhng*
bed and breakfast 有早餐嘅酒店 *yáuh jóu chāan ge jáu dim*
begin v 開始 *hōi chí*
before 以前 *yíh chìhn*

beginner (skill level) 初學者 *chō hohk jé*
behind (direction) 後面 *hauh mihn*
beige 米黃色 *máih wòhng sīk*
belt 皮帶 *pèih dáai*
berth 鋪位 *pou wái*
best 最好 *jeui hóu*
better 好啲 *hóu dī*
bicycle 單車 *dāan chē*
big 大 *daaih*
bike route 單車路線 *dāan chē louh sin*
bikini 比基尼裝 *béi gīn nèih jōng*
bill v (charge) 開單 *hōi dāan*; n (money) 紙幣 *jí baih*; n (of sale) 單 *dāan*
bird 雀仔 *jeuk jái*
birthday 生日 *sāang yaht*
black 黑色 *hāk sīk*
bladder 膀胱 *pòhng gwōng*
bland 無味 *mòuh meih*
blanket 毯 *jīn*
bleed v 流血 *làuh hyut*
blood 血液 *hyut yihk*
blood pressure 血壓 *hyut ngaat*
blouse 女裝恤衫 *néuih jōng sēut sāam*
blue 藍色 *làahm sīk*
board v 登機 *dāng gēi*
boarding pass 登機証 *dāng gēi jing*
boat 船 *syùhn*
bone 骨頭 *gwāt tàuh*
book 書 *syū*
bookstore 書店 *syū dim*
boots 靴 *hēu*
boring 無聊嘅 *mòuh lìuh ge*
botanical garden 植物園 *jihk maht yùhn*
bother v 打擾 *dá gáau*
bottle 樽 *jēun*
bottle opener 開瓶器 *hōi pìhng hei*
bowl 碗 *wún*
box 箱 *sēung*
boxing match 拳擊比賽 *kyùhn gīk béi choi*

boy 男仔 nàahm jái
boyfriend 男朋友 nàahm pàhng yáuh
bra 胸圍 hūng wàih
bracelet 手扼 sáu ngáak
break v (tooth) 爛 laahn
break-in (burglary) 闖入 chóng yahp
breakdown 故障 gu jeung
breakfast 早餐 jóu chāan
breast 乳房 yúh fòhng
breastfeed 餵母乳 wai móuh yúh
breathe v 呼吸 fū kāp
bridge 橋樑 kìuh lèuhng
briefs (clothing) 緊身褲 gán sān fu
bring v 帶嚟 daai làih
British 英國人 yīng gwok yàhn
broken 爛咗 laahn jó
brooch 心口針 sām háu jām
broom 帚把 sou bá
brother 兄弟 hīng daih
brown 咖啡色 ga fē sīk
bug 蟲 chùhng
building 大廈 daaih hah
burn v 燒 sīu
bus 巴士 bā sí
bus station 巴士站 bā sí jaahm
bus stop 巴士站 bā sí jaahm
bus ticket 巴士車票 bā sí chē piu
bus tour 巴士遊覽 bā sí yàuh láahm
business 商務 sēung mouh
business card 咭片 kāat pín
business center 商業中心 sēung yihp jūng sām
business class 商務艙 sēung mouh chōng
business hours 營業時間 yìhng yihp sìh gaan
buttocks 屁股 pei gú
buy v 買 máaih
bye 再見 joi gin

C

cabin 客艙 haak chōng
café 咖啡館 ga fē gún
call v 打電話 dá dihn wá; n 電話 dihn wá
calligraphy supplies 書法用品 syū faat yuhng bán
calories 卡路里 kā louh léih
camera 相機 séung gēi
camera case 相機套 séung gēi tou
camera store 攝影器材商店 sip yíng hei chòih sēung dim
camp v 露營 louh yìhng
camping stove 露營爐 louh yìhng lòuh
campsite 營地 yìhng deih
can opener 開罐器 hōi gun hei
Canada 加拿大 ga nàh daaih
cancel v 取消 chéui sīu
canyon 峽谷 haap gūk
car 汽車 hei chē
car hire [BE] 出租汽車 chēut jōu hei chē
car park [BE] 停車場 tìhng chē chèuhng
car rental 出租汽車 chēut jōu hei chē
car seat 汽車座位 hei chē joh wái
carafe 碴 jā
card 卡 kāat
carry-on 手提行李 sáu tàih hàhng léih
cart (grocery store) 手推車 sáu tēui chē
cart (luggage) 行李車 hàhng léih chē
case (amount) 件 gihn
cash v 換現金 wuhn yihn gām; n 現金 yihn gām
cash advance 預支現金 yuh jī yìhn gām
cashier 出納員 chēut naahp yùhn
casino 賭場 dóu chèuhng
castle 城堡 sìhng bóu
cathedral 大教堂 daaih gaau tòhng
cave 山洞 sāan duhng
CD CD sī dī
cell phone 手機 sáu gēi
Celsius 攝氏 sip sih
centimeter 釐米 lèih máih
ceramic spoon 湯羹 tōng gāng

DICTIONARY • 247

certificate 證明 *jing mìhng*
chair 凳 *dang*
change v (buses) 換車 *wuhn chē*; v (money) 換錢 *wuhn chín*; v (baby) 換尿片 *wuhn niuh pín*; n (money) 散紙 *sáan jí*
charcoal 木炭 *muhk taan*
charge v (credit card) 用信用卡畀錢 *yuhng seun yuhng kāa béi chín*; n (cost) 收費 *sāu fai*
cheap 平 *pèhng*
check v (something) 檢查 *gím chàh*; v (luggage) 托運 *tok wahn*; n (payment) 支票 *jī piu*
check-in (airport) 辦理登機手續 *baahn léih dāng gēi sáu juhk*
checking account 支票戶口 *jī piu wuh háu*
check-out (hotel) 退房 *teui fóng*
chemist [BE] 藥劑師 *yeuhk jāi sī*
cheque [BE] 支票 *jī piu*
chest (body part) 心口 *sām háu*
chest pain 心口痛 *sām háu tung*
chewing gum 香口膠 *hēung háu gāau*
child 細蚊仔 *sai mān jái*
child's seat BB凳 *bìh bī dang*
children's menu 兒童菜單 *yìh tùhng choi dāan*
children's portion 兒童飯量 *yìh tùhng faahn leuhng*
china 瓷器 *chìh hei*
China 中國 *jūng gwok*
Chinese 中文 *jūng màhn*
Chinese painting 中國畫 *jūng gwok wá*
chopsticks 筷子 *faai jí*
church 教堂 *gaau tòng*
cigar 雪茄 *syut kā*
cigarette 煙 *yīn*
class 艙 *chōng*
clay pot 砂鍋 *sā wō*
cloisonné 景泰藍 *gíng taai làahm*
first class 頭等艙 *tàuh dáng chōng*
classical music 古典音樂 *gú dín yām ngohk*

clean v 洗 *sái*; adj 乾淨 *gōn jehng*
cleaning product 清潔產品 *chīng git cháan bán*
clear v (on an ATM) 清除 *chīng chèuih*
cliff 懸崖 *yùhn ngāaih*
cling film [BE] 保鮮紙 *bóu sīn jí*
close v (a shop) 關門 *gwāan mùhn*; adj 近 *kahn*
closed 關閉 *gwāan bai*
clothing 衣物 *yī maht*
clothing store 時裝店 *sìh jōng dim*
club 俱樂部 *kēui lohk bouh*
coat 外套 *ngoih tou*
coffee shop 咖啡店 *ga fē dim*
coin 硬幣 *ngaahng beih*
cold (sickness) 感冒 *gám mouh*; (temperature) 冷 *láahng*
colleague 同事 *tùhng sih*
cologne 古龍水 *gú lùhng séui*
color 顏色 *ngàahn sīk*
comb 梳 *sō*
come v 嚟 *làih*
complaint 投訴 *tàuh sou*
computer 電腦 *dihn nóuh*
concert 音樂會 *yām ngohk wúi*
concert hall 音樂廳 *yām ngohk tēng*
condition (medical) 症狀 *jing johng*
conditioner 護髮素 *wuh faat sou*
condom 避孕套 *beih yan tou*
conference 會議 *wuih yíh*
confirm v 證實 *jing saht*
congestion 充血 *chūng hyut*
connect v (internet) 連接 *lìhn jip*
connection (internet) 連接 *lìhn jip*; (flight) 轉機 *jyun gēi*
constipated 便秘 *bin bei*
consulate 領事館 *líhng sih gún*
consultant 顧問 *gu mahn*
contact v 聯繫 *lyùhn haih*
contact lens 隱形眼鏡 *yán yìhng ngáahn géng*
contact lens solution 隱形眼鏡液 *yán yìhng ngáahn géng yihk*
contagious 傳染嘅 *chyùhn yíhm ge*

convention hall 會議廳 *wuih yíh tēng*
cook v 烹調 *pāang tiuh*
cooking gas 烹調煤氣 *pāang tiuh mùih hei*
cool (temperature) 涼 *lèuhng*
copper 銅 *tùhng*
corkscrew 開酒器 *hōi jáu hei*
cost v 用 *yuhng*
cot 床仔 *chòhng jái*
cotton 棉花 *mìhn fā*
cough n/v 咳 *kāt*
country code 國家代號 *gwok gā doih houh*
cover charge 附加費 *fuh gā fai*
crash v (car) 撞 *johng*
cream (ointment) 藥膏 *yeuhk gōu*
credit card 信用卡 *seun yuhng kāat*
crib 搖籃 *yìuh láam*
crystal 水晶 *séui jīng*
cup 杯 *būi*
currency 貨幣 *fo baih*
currency exchange 貨幣兌換 *fo baih deui wuhn*
currency exchange office 貨幣兌換局 *fo baih deui wuhn gúk*
current account [BE] 支票戶口 *jī piu wuh háu*
customs 海關 *hói gwāan*
cut v (hair) 剪 *jín*; n **(injury)** 傷口 *sēung háu*
cute 得意 *dāk yi*
cycling 踩單車 *cháai dāan chē*

D

damage v 損傷 *syún sēung*
damaged 壞咗 *waaih jó*
dance v 跳舞 *tiu móuh*
dance club 舞蹈俱樂部 *móuh douh kēui lohk bouh*
dangerous 危險 *ngàih hím*
dark 黑暗 *hāk ngam*
date (calendar) 日期 *yaht kèih*
day 日 *yaht*

deaf 聾 *lùhng*
debit card 借記卡 *je gei kāat*
declare v 申報 *sān bou*
decline v (credit card) 拒絕 *kéuih jyuht*
degrees (temperature) 度 *douh*
delay v 遲嘅 *chìh dī*
delete v 刪除 *sāan chèuih*
delicatessen 熟食 *suhk sihk*
delicious 好食 *hóu sihk*
denim 牛仔布 *ngàuh jái bou*
dentist 牙醫 *ngàh yī*
denture 假牙 *gá ngàh*
deodorant 止汗劑 *jí hon jāi*
department store 百貨公司 *baak fo gūng sī*
departure 離開 *lèih hōi*
deposit v 存錢 *chyùhn chín*; n **(bank)** 儲蓄 *chyúh chūk*
desert 沙漠 *sā mohk*
diabetic 糖尿病 *tòhng niuh behng*
dial v 撥號 *buht houh*
diamond 鑽石 *jyun sehk*
diaper 尿片 *niuh pín*
diarrhea 肚屙 *tóu ngō*
diesel 柴油 *chàih yàuh*
difficult 困難 *kwan nàahn*
digital 數碼 *sou máh*
digital camera 數碼相機 *sou máh séung gēi*
digital photo 數碼相片 *sou máh seung pín*
digital print 數碼印刷品 *sou máh yan chaat bán*
dining room 飯廳 *faahn tēng*
dinner 晚餐 *máahn chāan*
direction 方向 *fōng heung*
dirty 污糟 *wū jōng*
disabled 殘疾 *chàahn jaht*
disabled accessible [BE] 殘疾人通道 *chàahn jaht yàhn tūng douh*
disconnect (computer) 斷開 *tyúhn hōi*
discount 折 *jit*
dish (kitchen) 碟 *dihp*
dishwasher 洗碗機 *sái wún gēi*

dishwashing liquid 洗潔精 *sái git jīng*
display 顯示 *hín sih*
display case 陳列櫃 *chàhn liht gwaih*
disposable 即棄 *jīk hei*
disposable razor 即棄剃鬚刀 *jīk hei tai sōu dōu*
dive v 潛水 *chìhm séui*
diving equipment 潛水用具 *chìhm séui yuhng geuih*
divorce v 離婚 *lèih fān*
dizzy 頭暈眼花 *tàuh wàhn ngáahn fā*
doctor 醫生 *yī sāng*
doll 公仔 *gūng jái*
dollar (H.K.) 港元 *góng yùhn*; **(U.S.)** 美元 *méih yùhn*
domestic 國內 *gwok noih*
domestic flight 國內航班 *gwok noih hòhng bāan*
dormitory 宿舍 *sūk se*
double bed 雙人床 *sēung yàhn chòhng*
downtown 市中心 *síh jūng sām*
dozen 一打 *yāt dā*
dress (piece of clothing) 禮服 *láih fuhk*
dress code 服裝要求 *fuhk jōng yīu kàuh*
drink v 飲 *yám*; n 飲料 *yám liuh*
drink menu 飲料單 *yám liuh dāan*
drive v 開車 *hōi chē*
driver's license number 駕駛執照號碼 *ga sái jāp jiu houh máh*
drop (medicine) 滴 *dihk*
drowsiness 睡意 *seuih yi*
dry cleaner 乾洗店 *gōn sái dim*
during 期間 *kèih gāan*
duty (tax) 關稅 *gwāan seui*
duty-free 免稅 *mín seui*
DVD DVD *dī wī dī*

E

ear 耳仔 *yíh jái*
earache 耳仔痛 *yíh jái tung*
early 早 *jóu*
earrings 耳環 *yíh wáan*
east 東部 *dūng bouh*
easy 容易 *yùhng yih*
eat v 食 *sihk*
economy class 經濟艙 *gīng jai chōng*
elbow 手掙 *sáu jāang*
electric outlet 電制 *dihn jai*
elevator 電梯 *dihn tāi*
e-mail v 發電郵 *faat dihn yàuh*; n 電子郵件 *dihn jí yàuh gín*
e-mail address 電郵地址 *dihn yàuh deih jí*
emergency 緊急狀態 *gán gāp johng taai*
emergency exit 緊急出口 *gán gāp chēut háu*
empty v 倒空 *dóu hūng*
enamel (jewelry) 琺瑯 *faat lòhng*
end v 結束 *git chūk*
English 英文 *yīng màhn*
engrave v 雕刻 *dīu hāk*
enjoy v 享用 *héung yuhng*
enter v 進入 *jeun yahp*
entertainment 娛樂 *yùh lohk*
entrance 入口 *yahp háu*
envelope 信封 *seun fūng*
epileptic 癲癎 *dīn gáan*
equipment 設備 *chit beih*
escalator 自動扶梯 *jih duhng fùh tāi*
e-ticket 電子票 *dihn jí piu*
evening 夜晚 *yeh máahn*
excess 超過 *chīu gwo*
exchange v **(money)** 兌換 *deui wuhn*; v **(goods)** 交換 *gāau wuhn*; n **(place)** 換地方 *wuhn deih fōng*
exchange rate 兌換率 *deui wuhn léut*
excursion 遊覽 *yàuh láahm*
excuse v 原諒 *yùhn leuhng*
exhausted 用盡 *yuhng jeuhn*
exit v 出去 *chēut heui*; n 出口 *chēut háu*
expensive 昂貴 *ngòhng gwai*

250 • DICTIONARY

expert (skill level) 專家 jyūn gā
exposure (film) 曝光 bouh gwōng
express 快 faai
extension (phone) 分機 fān gēi
extra 額外 ngaak ngoih
extra large 加大碼 gā daaih máh
extract v (tooth) 剝 mōk
eye 眼 ngáahn

F

face 面 mihn
facial 面部 mihn bouh
family 家庭 gā tìhng
fan (appliance) 電風扇 dihn fūng sin
far 遠 yúhn
far-sighted 遠視 yúhn sih
farm 農場 nùhng chèuhng
fast 快速 faai chūk
fast food 快餐 faai chāan
fat free 無脂肪 mòuh jī fōng
father 父親 fuh chān
fax v 發傳真 faat chyùhn jān; n 傳真 chyùhn jān
fax number 傳真號碼 chyùhn jān houh máh
fee 費用 fai yuhng
feed v 餵 wai
ferry 渡輪 douh lèuhn
fever 發燒 faat sīu
field (sports) 運動場 wahn duhng chèuhng
fill out v (form) 填寫 tìhn sé
film (camera) 菲林 fēi lám
fine (fee) 罰款 faht fún
finger 手指 sáu jí
fingernail 指甲 jí gaap
fire 火 fó
fire department 消防隊 sīu fòhng yùhn
fire door 防火門 fòhng fó mùhn
first 第一 daih yāt
first class 頭等艙 tàuh dáng chōng
fit (clothing) 適合 sīk hahp

fitting room 試身室 si sān sāt
fix v (repair) 修理 sāu léih
fixed-price menu 價格固定嘅菜單 ga gaak gu dihng ge choi dāan
flashlight 電筒 dihn túng
flight 航班 hòhng bāan
floor 地板 deih báan
florist 賣花人 maaih fā yàhn
flower 花 fā
folk music 民間音樂 màhn gāan yām ngohk
food 食物 sihk maht
foot 腳 geuk
football game [BE] 足球賽 jūk kàuh choi
for 為咗 waih jó
forecast 預報 yuh bou
forest 森林 sām làhm
fork 叉 chā
form (fill-in) 表格 bíu gaak
formula (baby) 奶粉 náaih fán
fort 要塞 yiu choi
fountain 噴水池 pan séui chìh
free 免費 mín fai
freezer 雪櫃 syut gwaih
fresh 新鮮 sān sīn
friend 朋友 pàhng yáuh
frying pan 煎鍋 jīn wō
full-service 全面服務 chyùhn mihn fuhk móuh

G

game 遊戲 yàuh hei
garage 車房 chē fòhng
garbage 垃圾 laahp saap
garbage bag 垃圾袋 laahp saap dói
gas 汽油 hei yàuh
gas station 加油站 gā yàuh jaahm
gate [airport] 登機門 dāng gēi mùhn
get off (a train/bus/subway) 落車 lohk chē
gift 禮物 láih maht
gift shop 禮品店 láih bán dim

DICTIONARY • 251

girl 女仔 *néuih jái*
girlfriend 女朋友 *néuih pàhng yáuh*
give v 畀 *béi*
glass (drinking) 玻璃杯 *bō lēi būi*
glasses (optical) 眼鏡 *ngáahn géng*
go v **(somewhere)** 去 *heui*
gold 金 *gām*
golf course 高爾夫球場 *gōu yíh fū kàuh chèuhng*
golf tournament 高爾夫球比賽 *gōu yíh fū kàuh béi choi*
good *adj/n* 好 *hóu*
good evening 晚安 *máahn ngōn*
good morning 早晨 *jóu sàhn*
goodbye 再見 *joi gin*
goods 貨物 *fo maht*
gram 克 *hāk*
grandchild 孫 *syūn*
grandparent 祖父母 *jóu fuh móuh*
gray 灰色 *fūi sīk*
green 綠色 *luhk sīk*
grocery store 雜貨店 *jaahp fo dim*
ground floor 一樓 *yāt láu*
group 小組 *síu jóu*
guide 指南 *jí nàahm*
guide book 指南 *jí nàahm*
guide dog 導盲犬 *douh màahng hyún*
gym 體操 *tái chōu*
gynecologist 婦產科醫生 *fúh cháan fō yī sāng*

H

hair 頭髮 *tàuh faat*
hair dryer 風筒 *fūng túng*
hair salon 髮廊 *faat lòhng*
hairbrush 梳 *sō*
haircut 飛髮 *fēi faat*
hairspray 噴髮劑 *pan faat jāi*
hairstyle 髮型 *faat yìhng*
hairstylist 髮型師 *faat yìhng sī*
halal 清真食品 *chīng jān sihk bán*
half 半 *bun*
half hour 半小時 *bun síu sìh*
half-kilo 半公斤 *bun gūng gān*
hammer 錘 *chéui*
hand 手 *sáu*
hand luggage 手提行李 *sáu tàih hàhng léih*
handbag [BE] 手袋 *sáu dói*
handicapped 殘疾 *chàahn jaht*
handicapped-accessible 殘疾人通道 *chàahn jaht yàhn tūng douh*
hangover 宿醉 *sūk jeui*
happy 愉快 *yuh faai*
hat 帽 *móu*
have v 做 *jouh*
hay fever 花粉症 *fān fán jing*
head (body part) 頭 *tàuh*
headache 頭痛 *tàuh tung*
headphones 耳筒 *yíh túng*
health 健康 *gihn hōng*
health food store 健康食品店 *gihn hōng sihk bán dim*
hearing impaired 聽力唔好 *ting lihk m hóu*
heart 心臟 *sām johng*
heart condition 心臟狀況 *sām johng johng fong*
heat 加熱 *gā yiht*
heater 加熱器 *gā yiht hei*
heating [BE] 暖氣 *nyúhng hei*
hello 你好 *néih hóu*
helmet 頭盔 *tàuh kwāi*
help 幫助 *bōng joh*
here 呢度 *nī douh*
hi 你好 *néih hóu*
high 高 *gōu*
highchair 高腳椅 *gōu geuk yí*
highway 高速公路 *gōu chūk gūng louh*
hill 山仔 *sāan jái*
hire [BE] 雇用 *gu yuhng*
hire car [BE] 租用汽車 *jōu yuhng hei chē*
hitchhike v 搭車 *daap chē*
hockey 曲棍球 *kūk gwan kàuh*
holiday [BE] 假期 *ga kèih*

horse track 跑馬場 *páau máh chèuhng*
hospital 醫院 *yī yún*
hostel 旅舍 *léuih se*
hot (temperature) 熱 *yiht*; **(spicy)** 辣 *laaht*
hot spring 溫泉 *wān chyùhn*
hotel 酒店 *jáu dim*
hour 小時 *síu sìh*
house 屋 *ngūk*
housekeeping services 客房清潔服務 *haak fóng chīng git fuhk mouh*
how 點樣 *dím yéung*
how much 幾多 *géi dō*
hug v 攬 *láam*
hungry 餓 *ngoh*
hurt 痛 *tung*
husband 老公 *lóuh gūng*

I

ice 冰 *bīng*
ice hockey 冰球 *bīng kàuh*
icy 冰冷 *bīng láahng*
identification 證件 *jing gín*
ill [BE] 病 *behng*
in 喺 *hái*
include v 包括 *bāau kwut*
indoor pool 室內泳池 *sāt noih wihng chìh*
inexpensive 唔貴 *m gwai*
infected 傳染 *chyùhn yíhm*
information (phone) 信息 *seun sīk*
information desk 訊問處 *sēun mahn chyu*
insect bite 蟲咬 *chùhng ngáau*
insect repellent 殺蟲劑 *saat chùhng jāi*
insert v **(on an ATM)** 插入 *chaap yah*
insomnia 失眠 *sāt mìhn*
instant message 即時訊息 *jīk sìh seun sīk*
insulin 胰島素 *yìh dóu sou*
insurance 保險 *bóu hím*
insurance card 保險卡 *bóu hím kāat*

insurance company 保險公司 *bóu hím gūng sī*
interesting 有趣 *yáuh cheui*
international (airport area) 國際 *gwok jai*
international flight 國際航班 *gwok jai hòhng bāan*
international student card 國際學生證 *gwok jai hohk sāang jing*
internet 互聯網 *wuh lyùhn móhng*
internet cafe 網吧 *móhng bā*
internet service 互聯網服務 *wuh lyùhn móhng fuhk mouh*
interpreter 口譯員 *háu yihk yùhn*
intersection 十字路口 *sahp jih louh háu*
intestine 腸 *chéung*
introduce v 介紹 *gaai siuh*
invoice 發貨單 *faat fo dāan*
Ireland 愛爾蘭 *ngoi yíh làahn*
Irish 愛爾蘭人 *ngoi yíh làahn yàhn*
iron v 熨衫 *tong sāam*; n 熨斗 *tong dáu*

J

jacket 褸 *lāu*
jade 玉 *yúk*
jar 樽 *jā*
jaw 下爬 *hah pàh*
jazz 爵士樂 *jeuk sih ngohk*
jazz club 爵士樂俱樂部 *jeuk sih ngohk kēui lohk bouh*
jeans 牛仔褲 *ngàuh jái fu*
jeweler 珠寶商 *jyū bóu sēung*
jewelry 首飾 *sáu sīk*
join v 加入 *gā yahp*
joint (body part) 關節 *gwāan jit*

K

key 鑰匙 *só sìh*
key card 鑰匙卡 *só sìh kāat*
key ring 鑰匙扣 *só sìh kau*

kiddie pool 兒童泳池 *yìh tùhng wihng chìh*
kidney (body part) 腎臟 *sahn johng*
kilogram 公斤 *gūng gān*
kilometer 公里 *gūng léih*
kiss v 錫 *sek*
kitchen 廚房 *chyùh fóng*
kitchen foil [BE] 廚房錫紙 *chyùh fóng sehk jí*
knee 膝頭 *sāt tàuh*
knife 刀 *dōu*
kosher 猶太食品 *yàuh taai sihk bán*

L

lace 鞋帶 *hàaih dáai*
lacquerware 漆器 *chāt hei*
lactose intolerant 乳糖過敏 *yúh tòhng gwo máhn*
lake 湖 *wùh*
large 大 *daaih*
last 最後 *jeui hauh*
late (time) 遲咗 *chìh jó*
launderette [BE] 洗衣店 *sái yī dim*
laundromat 洗衣店 *sái yī dim*
laundry 要洗嘅衫 *yiu sái ge sāam*
laundry facility 洗衣店設施 *sái yī dim chit sī*
laundry service 洗衣服務 *sái yī fuhk mouh*
lawyer 律師 *leuht sī*
leather 皮 *péi*
leave v 起飛 *héi fēi*
left (direction) 左邊 *jó bīn*
leg 腿 *téui*
lens 鏡片 *geng pín*
less 比較少 *béi gaau síu*
lesson 課程 *fo chìhng*
letter 信件 *seun gín*
library 圖書館 *tòuh syū gún*
life jacket 救生衣 *gau sāng yī*
lifeguard 救生員 *gau sāng yùhn*
lift v 搭車 *daap chē*; n [BE] 電梯 *dihn tāi*

light (overhead) 燈 *dāng*; **(cigarette)** 點 *dím*
lightbulb 燈膽 *dāng dáam*
lighter 打火機 *dá fó gēi*
like v 鍾意 *jūng yi*
line (train) 線 *sin*
linen 麻布 *màh bou*
lip 嘴唇 *jéui sèuhn*
liquor store 酒店 *jáu dim*
liter 公升 *gūng sīng*
little 少少 *síu síu*
live v 住 *jyuh*
liver (body part) 肝臟 *gōn johng*
loafers 遊蕩者 *yàuh dong jé*
local 當地 *dōng deih*
lock n 鎖 *só*
locker 衣物櫃 *yī maht gwaih*
log on 登錄 *dāng luhk*
log off 退出 *teui chēut*
long 長 *chèuhng*
long sleeves 長袖 *chèuhng jauh*
long-sighted [BE] 有遠見 *yáuh yúhn gin*
look v 睇 *tái*
lose v **(something)** 唔見咗 *m̀ gin jó*
lost 失去 *sāt heui*
lost and found 失物認領處 *sāt maht yihng líhng chyu*
lotion 化妝乳液 *fa jōng yúh yihk*
love n/v **(someone)** 愛 *ngoi*
low 低 *dāi*
luggage 行李 *hàhng léih*
luggage cart 行李推車 *hàhng léih tēui chē*
luggage locker 行李暫存箱 *hàhng léih jaahm chyùhn sēung*
luggage ticket 行李票 *hàhng léih piu*
lunch 午餐 *ngh chāan*
lung 肺 *fai*

M

magazine 雜誌 *jaahp ji*
magnificent 壯觀 *jong gūn*

mail v 郵寄 yàuh gei; n 郵件 yàuh gín
mailbox 郵箱 yàuh sēung
main attraction 主要景點 jyú yiu gíng dím
main course 主菜 jyú choi
make up v [BE] (a prescription) 藥方 yeuhk fōng
mall 購物中心 kau maht jūng sām
man 男人 nàahm yán
manager 經理 gīng léih
manicure 修手甲 sāu sáu gaap
manual car 手動汽車 sáu duhng hei chē
map 地圖 deih tòuh
market 市場 síh chèuhng
married 結咗婚 git jó fān
marry v 結婚 git fān
mass (church service) 禮拜 láih baai
massage 按摩 ngon mō
match n 火柴 fó chàaih
meal 飯 faahn
measure v (someone) 測量 chāak leuhng
measuring cup 量杯 lèuhng būi
measuring spoon 量羹 lèuhng gāng
mechanic 技工 geih gūng
medicine 醫藥 yī yeuhk
medium (size) 中等 jūng dáng
meet v (someone) 見面 gin mihn
meeting 會議 wuih yíh
meeting room 會議室 wuih yíh sāt
membership card 會員證 wúih yùhn jing
memorial (place) 紀念館 gei nihm gún
memory card 存儲卡 chyúh chyùhn kāat
mend v 修理 sāu léih
menstrual cramp 經期腹痛 gīng kèih fūk tung
menu 菜單 choi dāan
message 信息 seun sīk
microwave 微波爐 mèih bō lòuh
midday [BE] 晏晝 ngaan jau
midnight 午夜 ngh yeh
mileage 里數 léih sou
mini-bar 小酒吧 síu jáu bā
minute 分鐘 fān jūng
missing 錯過 cho gwo
mistake 錯 cha cho
mobile phone [BE] 手提電話 sáu tàih dihn wá
mobility 流動性 làuh dung sing
monastery 修道院 sāu douh yún
money 錢 chín
month 月 yuht piu
mop 擦 chaat
moped 電單車 dihn dāan chē
more 多啲 dō dī
morning 早晨 jóu sàhn
mosque 清真寺 chīng jān jí
mother 媽媽 màh mā
motion sickness 暈浪 wàhn lohng
motor boat 汽船 hei syùhn
motorcycle 電單車 dihn dāan chē
motorway [BE] 高速公路 gōu chūk gūng louh
mountain 山 sāan
mountain bike 爬山電單車 pàh sāan dihn dāan chē
mouth 口 háu
movie 電影 dihn yíng
movie theater 電影院 dihn yíng yún
mug v 搶 chéung
multiple-trip (ticket) 無限次使用 嘅 mòuh haahn chi sí yuhng ge
muscle 肌肉 gēi yuhk
museum 博物館 bok maht gún
music 音樂 yām ngohk
music store 音樂商店 yām ngohk sēung dim

N

nail file 指甲銼 jí gaap cho
name 名 méng
napkin 餐巾 chāan gān
nappy [BE] 尿片 niuh pín

nationality 國籍 *gwok jihk*
nature preserve 自然保護區 *jih yihn bóu wuh kēui*
nauseous 想嘔 *séung ngáu*
near 附近 *fuh gahn*
near-sighted [BE] 近視 *gahn sih*
nearby 附近 *fuh gahn*
neck 頸 *géng*
necklace 頸鏈 *géng lín*
need v 需要 *sēui yiu*
newspaper 報紙 *bou jí*
newsstand 報攤 *bou tāan*
next 下一個 *hah yāt go*
nice 好 *hóu*
night 夜 *yeh*
nightclub 夜總會 *yeh júng wúi*
no 唔 *m*
non-alcoholic 無酒精 *mòuh jáu jīng*
non-smoking 禁煙 *gam yīn*
noon 中午 *jūng bouh*
north 北部 *bāk bouh*
nose 鼻 *beih*
nothing 冇乜野 *móuh māt yéh*
notify (v) 通知 *tūng jī*
novice (skill level) 新手 *sān sáu*
now 宜家 *yìh gā*
number 數字 *sou jih*
nurse 護士 *wuh sih*

O

office 辦公室 *baahn gūng sāt*
office hours 辦公時間 *baahn gūng sìh gaan*
off-license [BE] 酒店 *jáu dim*
oil 油 *yàuh*
OK 好 *hóu*
old 老 *lóuh*
one-way (ticket) 單程 *dāan chìhng*
one-way street 單程路 *dāan chìhng louh*
only 只係 *jí haih*
open v 打開 *dá hōi*; adj 開著 *hōi jeuhk*

opera 歌劇 *gō kehk*
opera house 歌劇院 *gō kehk yún*
opposite 相反 *sēung fáan*
optician 驗光師 *yihm gwōng sī*
orange (color) 橙 *cháang*
orchestra 管弦樂 *gún yìhn ngohk*
order v 叫野 *giu yéh*
outdoor pool 室外游泳池 *sāt ngoih yàuh wihng chìh*
outside 外面 *ngoih mihn*
overdone 太熟 *taai suhk*
overlook (scenic place) 俯視 *fú sih*
overnight 隔夜 *gaahk yeh*
oxygen treatment 氧氣治療 *yéuhng hei jih lìuh*

P

p.m. 下晝 *hah jau*
pacifier 奶嘴 *náaih jéui*
pack v 打包 *dá bāau*
package 包裹 *bāau gwó*
paddling pool [BE] 兒童泳池 *yìh tùhng wihng chìh*
pad [BE] (sanitary) 墊 *jin*
pain 痛 *tung*
pajamas 睡衣 *seuih yī*
palace 宮殿 *gūng dihn*
pants 褲 *fu*
pantyhose 絲襪 *sī maht*
paper 紙 *jí*
paper towel 紙巾 *jí gān*
park v 停車 *tìhng chē*; n 公園 *gūng yún*
parking garage 車房 *chē fòhng*
parking lot 停車場 *tìhng chē chèuhng*
parking meter 停車計時器 *tìhng chē gai sìh hei*
part-time 兼職 *gīm jīk*
passenger 乘客 *sìhng haak*
passport 護照 *wuh jiu*
passport control 護照管制 *wuh jiu gún jai*

password 密碼 *maht máh*
pastry shop 點心店 *dím sām dim*
path 道路 *douh louh*
pay v 支付 *jī fuh*
pay phone 公用電話 *gūng yuhng dihn wá*
peak (of a mountain) 山頂 *sāan déng*
pearl 珍珠 *jān jyū*
pedestrian 行人 *hàahng yàhn*
pediatrician 兒科醫生 *yìh fō yī sāng*
pedicure 修腳趾甲 *sāu jín geuk gaap*
pen 筆 *bāt*
per 每 *múih*
per day 每日 *múih yaht*
per hour 每個鐘頭 *múih go jūng tàuh*
per night 每晚 *múih máahn*
per week 每個星期 *múih go sīng kèih*
perfume 香水 *hēung séui*
period (menstrual) 月經 *yuht gīng*; (of time) 期間 *kèih gāan*
permit v 准 *jéun*
petite 嬌小 *gīu síu*
petrol [BE] 汽油 *hei yàuh*
petrol station [BE] 加油站 *gā yàuh jaahm*
pharmacy 藥房 *yeuhk fòhng*
phone v 打電話 *dá dihn wá*; n 電話 *dihn wá*
phone call 電話 *dihn wá*
phone card 電話卡 *dihn wá kāat*
phone number 電話號碼 *dihn wá houh máh*
photo 相 *séung*
photocopy 影印本 *yíng yan bún*
photography 影相 *yíng séung*
picnic area 野餐區 *yéh chāan kēui*
piece 塊 *faai*
pill (birth control) 避孕丸 *beih yahn yún*

pillow 枕頭 *jám tàuh*
personal identification number (PIN) 個人密碼 *go yàhn maht máh*
pink 粉紅色 *fán hùhng sīk*
piste [BE] 小路 *síu louh*
piste map [BE] 小路路線圖 *síu louh louh sin tòuh*
place v (a bet) 落 *lohk*
plane 飛機 *fēi gēi*
plastic wrap 塑膠包裝 *sou gāau bāau jōng*
plate 碟 *díp*
platform 月臺 *yuht tòih*
platinum 鉑金 *baahk gām*
play v 玩 *wáan*; n (theater) 戲劇 *hei kehk*
playground 操場 *chōu chèuhng*
playpen 遊戲圍欄 *yàuh hei wàih làahn*
please 唔該 *m gōi*
pleasure 樂趣 *lohk cheui*
plunger 泵 *bām*
plus size 加大碼 *gā daaih máh*
pocket 袋 *dói*
poison 毒藥 *duhk yeuhk*
police 警察 *gíng chaat*
police report 警察報告 *gíng chaat bou gou*
police station 警察局 *gíng chaat gúk*
pond 池塘 *chìh tòhng*
pool 水池 *séui chìh*
portion 部分 *bouh fahn*
post [BE] 郵件 *yàuh gín*
post office 郵局 *yàuh gúk*
postbox [BE] 郵箱 *yàuh sēung*
postcard 明信片 *mìhn seun pín*
pot 罐 *gun*
pottery 陶器 *tòuh hei*
pound (weight) 磅 *bohng*
pound (British sterling) 英鎊 *yīng bóng*
pregnant 有咗 *yáuh jó*

prescribe v 開處方 hōi chyúh fōng
prescription 處方藥 chyúh fōng yeuhk
press v (clothing) 熨 tong
price 價格 ga gaak
print v 列印 liht yan
problem 問題 mahn tàih
produce 農產品 nùhng cháan bán
produce store 農產品商店 nùhng cháan bán sēung dim
prohibit v 禁止 gam jí
pronounce v 發音 faat yām
public 公共 gūng guhng
pull v 拉 lāai
purple 紫色 jí sīk
purse 銀包 ngàhn bāau
push v 按 ngon
pushchair [BE] BB車 bìhbī chē

Q

quality 質量 jāt leuhng
question 問題 mahn tàih
quiet 安靜 ngōn jihng

R

racetrack 跑馬場 páau máh chèuhng
racket (sports) 球拍 kàuh páak
railway station [BE] 火車 fó chē
rain 雨 yúh
raincoat 雨褸 yúh lāu
rainforest 雨林 yúh làhm
rainy 多雨 dō yúh
rap (music) 說唱樂 syut cheung lohk
rape 強姦 kèuhng gāan
rare (object) 罕見 hón gin
rash 疹 chán
ravine 峽谷 haap gūk
razor blade 剃鬚刀 tai sōu dōu
reach v 到 dou
ready 準備好 jéun beih hóu

real 真正 jān jing
receipt 收據 sāu geui
receive v 接受 jip sauh
reception 招待會 jīu doih wúi
recharge v 充電 chūng dihn
recommend v 介紹 gaai siuh
recommendation 推薦 tēui jin
recycling 回收 wùih sāu
red 紅色 hùhng sīk
refrigerator 冰箱 bīng sēung
region 區域 kēui wihk
registered mail 掛號信 gwa houh seun
regular 普通 pōu tūng
relationship 關係 gwāan haih
Ren Min Bi (Chinese currency) 人民幣 yàhn màhn baih
rent v 租 jōu
rental car 的士 dīk sí
repair v 修理 sāu léih
repeat v 重複 chùhng fūk
reservation 預定 yuh dihng
reservation desk 服務台 fuhk mouh tòih
reserve v 預定 yuh dehng
restaurant 餐館 chāan gún
restroom 休息室 yāu sīk sāt
retired 退休 teui yāu
return v 還 wàahn
return (ticket) 雙程 sēung chìhng
reverse v (the charges) [BE] 對方付費電話 deui fōng fuh fai dihn wá
rib (body part) 肋骨 laahk gwāt
rice cooker 電飯煲 dihn faahn bōu
right of way 路權 louh kyùhn
ring 戒指 gaai jí
river 河 hòh
road map 路線圖 louh sin tòuh
roast v 烤 hāau
rob v 搶奪 chéung dyuht
robbed 畀人搶野 béi yàhn chéung yéh
romantic 浪漫 lohng maahn

room 房間 *fòhng gāan*
room key 房間鎖匙 *fòhng gāan só sìh*
room service 客房送餐服務 *haak fóng sung chāan fuhk mouh*
round-trip 雙程 *sēung chìhng*
route 路線 *louh sin*
rowboat 扒艇 *pàh téhng*
rubbish [BE] 垃圾 *laahp saap*
rubbish bag [BE] 垃圾袋 *laahp saap dói*
ruins 廢墟 *fai hēui*
rush 趕時間 *gón sìh gaan*

S

sad 傷心 *sēung sām*
safe (storage) 保險箱 *bóu hím sēung*; **(protected)** 安全 *ngōn chyùhn*
sales tax 銷售稅 *sīu sauh seui*
same 同一 *tùhng yāt*
sandals 涼鞋 *lèuhng hàaih*
sanitary napkin 衛生棉 *waih sāng mìhn*
saucepan 平底鑊 *pìhng dái wohk*
sauna 桑拿 *sōng nàh*
save v **(on a computer)** 保存 *bóu chyùhn*
savings (account) 儲蓄 *chyúh chūk*
scanner 掃描器 *sou miùh hei*
scarf 絲巾 *sī gān*
schedule v 預定日程 *yuh dihng yaht chìhng*; n 日程表 *syaht chìhng bíu*
school 學校 *hohk haauh*
scissors 較剪 *gaau jín*
sea 海 *hói*
seat 座位 *joh wái*
security 保安 *bóu ngōn*
see v 睇見 *tái gin*
self-service 自助 *jih joh*
sell v 賣 *maaih*
seminar 研討會 *yìhng tóu wúi*
send v 送 *sung*

senior citizen 老年人 *lóuh nìhn yàhn*
separated (marriage) 分居 *fān gēui*
serious 嚴肅 *yìhm sūk*
service (in a restaurant) 服務 *fuhk mouh*
shampoo 洗頭水 *sái tàuh séui*
sharp 利 *leih*
shaving cream 剃鬚膏 *tai sōu gōu*
sheet 床單 *chòhng dāan*
ship v (mail) 運送 *wahn sung*
shirt 恤衫 *sēut sāam*
shoe store 鞋鋪 *hàaih póu*
shoes 鞋 *hàaih*
shop v 買野 *máaih yéh*
shopping 購物 *kau maht*
shopping area 購物區 *kau maht kēui*
shopping centre [BE] 商場 *sēung chèuhng*
shopping mall 商場 *sēung chèuhng*
short 短 *dyún*
short sleeves 短袖 *dyún jauh*
shorts 短褲 *dyún fu*
short-sighted [BE] 近視 *gahn sih*
shoulder 膊頭 *bok tàuh*
show v 顯示 *hín sih*
shower 沖涼 *chūng lèuhng*
shrine 寺廟 *jih míu*
sick 病 *behng*
side dish 配菜 *pui choi*
side effect 副作用 *fu jok yuhng*
sightseeing 觀光 *gūn gwōng*
sightseeing tour 觀光旅遊 *gūn gwōng léuih yàuh*
sign v 簽名 *chīm méng*
silk 絲綢 *sī chàuh*
silver 銀 *ngàhn*
single (unmarried) 單身 *dāan sān*
single bed 單人床 *dāan yàhn chòhng*
single room 單人房間 *dāan yàhn fóng*
sink 瓷盆 *chìh pùhn*
sister 姐妹 *jí múi*

sit v 坐低 *chóh dāi*
size 尺寸 *chek chyun*
skin 皮膚 *pèih fū*
skirt 裙 *kwàhn*
sleep v 訓覺 *fan gaau*
sleeper car 臥鋪車 *ngoh pōu chē*
sleeping bag 睡袋 *seuih dói*
sleeping car [BE] 臥鋪車 *ngoh pōu chē*
slice (of something) 片 *pin*
slippers 拖鞋 *tō háai*
slowly 慢慢地 *maahn máan déi*
small 小 *síu*
smoke v 食煙 *sihk yīn*
smoking (area) 食煙 *sihk yīn*
snack bar 小食店 *síu sihk dim*
sneaker 運動鞋 *wahn duhn hàaih*
snorkeling equipment 水底呼吸設備 *séui dái fū kāp chit beih*
soap 番鹼 *fāan gáan*
soccer 足球 *jūk kàuh*
sock 襪 *maht*
soother [BE] 奶嘴 *náaih jéui*
sore throat 喉嚨痛 *hàuh lùhng tung*
sorry 抱歉 *póu hip*
south 南 *nàahm*
souvenir 紀念品 *gei nihm bán*
souvenir store 紀念品商店 *gei nihm bán sēung dim*
spa 溫泉 *wān chyùhn*
spatula 鏟 *cháan*
speak v 講 *góng*
specialist (doctor) 專家 *jyūn gā*
specimen 標本 *bīu bún*
speeding 超速 *chīu chūk*
spell v 串 *chyun*
spicy 辣 *laaht*
spine (body part) 脊椎 *bui jēui*
spoon 匙羹 *chìh gāng*
sports 體育 *tái yuhk*
sporting goods store 體育用品商店 *tái yuhk yuhng bán sēung dim*
sports massage 按摩 *ngon mō*
sprain 扭傷 *náu sēung*

stadium 體育場 *tái yuhk chèuhng*
stairs 樓梯 *làuh tāi*
stamp v (a ticket) 蓋印 *koi yan*; n (postage) 郵票 *yàuh piu*
start v 開始 *hōi chíh*
starter [BE] 開胃菜 *hōi waih choi*
station 站 *jaahm*
statue 雕像 *dīu jeuhng*
stay v 住喺 *jyuh hái*
steal v 偷 *tāu*
steamer 蒸鍋 *jīng wō*
steep 斜 *che*
sterling silver 純銀 *syùhn ngán*
stewed 燉 *dahn*
stolen 俾人偷咗 *béi yàhn tāu jó*
stomach 胃 *waih*
stomachache 胃痛 *waih tung*
stop v 停低 *tìhng dāi*; n 站 *jaahm*
store directory 商店目錄 *sēung dim muhk luhk*
storey [BE] 層 *chàhng*
stove 爐 *lòuh*
straight 直 *jihk*
strange 奇怪 *kèih gwaai*
stream 小溪 *síu kāi*
stroller BB 車 *bìh bī chē*
student 學生 *hohk sāang*
study v 學習 *hohk jaahp*
stunning 震驚 *jan gīng*
subtitle 副標題 *fu bīu tàih*
subway 地鐵 *deih tit*
subway station 地鐵站 *deih tit jaahm*
suit 西服套裝 *sāi fuhk tou jōng*
suitcase 手提箱 *sáu tàih sēung*
sun 太陽 *taai yèuhng*
sunblock 防曬霜 *fòhng saai sēung*
sunburn 曬傷 *saai sēung*
sunglasses 太陽眼鏡 *taai yèuhng ngáahn géng*
sunny 晴朗 *chìhng lóhng*
sunscreen 防曬霜 *fòhng saai sēung*
sunstroke 中暑 *jung syú*
super (fuel) 超級 *chīu kāp*

supermarket 超級市場 *chīu kāp síh chèuhng*
supervision 監督 *gāam dzenask*
surfboard 滑浪板 *waaht lohng báan*
swallow v 吞 *tān*
sweater 毛衣 *mòuh yī*
sweatshirt 運動衫 *wahn duhng sāam*
sweet (taste) 甜 *tìhm*
swelling 腫 *júng*
swim v 游水 *yàuh séui*
swimsuit 泳衣 *wihng yī*
symbol (keyboard) 標誌 *bīu ji*
synagogue 猶太教堂 *yàuh taai gaau tòng*

T

table 檯 *tói*
tablet (medicine) 藥丸 *yeuhk yún*
take v 食藥 *sihk yeuhk*
take away [BE] 攞走 *ló jáu*
tampon 棉條 *mìhn tíu*
taste v 試吓 *si háh*
taxi 的士 *dīk sí*
team 隊 *déui*
teahouse 茶樓 *chàh làuh*
teaspoon 茶匙 *chàh chìh*
telephone 電話 *dihn wá*
temple (religious) 寺廟 *jíh míu*
temporary 臨時 *làhm sìh*
tennis 網球 *móhng kàuh*
tent 帳篷 *jeung fùhng*
tent peg 帳篷樁 *jeung fùhng jōng*
tent pole 帳篷杆 *jeung fùhng gōn*
terminal (airport) 候機大堂 *hauh gēi daaih tòhng*
terrible 可怕 *hó pa*
text v (send a message) 發短信 *faat dyún seun*; n (message) 文字 *màhn jih*
thank v 感謝 *gám jeh*
thank you 多謝 *dō jeh*
that 嗰 *gó*

theater 戲院 *hei yún*
theft 偷竊 *tāu sit*
there 嗰度 *gó douh*
thief 賊 *cháak*
thigh 大腿 *daaih téui*
thirsty 口渴 *háu hot*
this 呢 *nī*
throat 喉嚨 *hàuh lùhng*
thunderstorm 雷雨 *lèuih yúh*
ticket 票 *piu*
ticket office 售票處 *sauh piu chyu*
tie (clothing) 領呔 *léhng tāai*
tights [BE] 絲襪 *sī maht*
time 時間 *sìh gaan*
timetable [BE] 時間表 *sìh gaan bíu*
tire 車胎 *chē tāai*
tired 攰喇 *guih la*
tissue 紙巾 *jí gān*
to go 去 *heui*
tobacconist 煙草零售商 *yīn chóu lìhng sauh sēung*
today 今日 *gām yaht*
toe 腳趾 *geuk jí*
toenail 趾甲 *jí gaap*
toilet [BE] 沖涼房 *chūng lèuhng fóng*
toilet paper 廁紙 *chi jí*
tomorrow 聽日 *tīng yaht*
tongue 舌 *siht*
tonight 今晚 *gām máahn*
too 太 *taai*
tooth 牙 *ngàh*
toothpaste 牙膏 *ngàh gōu*
total (amount) 一共 *yāt guhng*
tourist 旅客 *léuih haak*
tourist information office 旅遊資訊辦公室 *léuih yàuh jī seun baahn gūng sāt*
tour 遊覽 *yàuh láahm*
tow truck 拖車 *tō chē*
towel 毛巾 *mòuh gān*
tower 塔 *taap*
town 鎮 *jan*
town hall 市政廳 *síh jing tēng*

town map 市地圖 síh deih tòuh
town square 市中心廣場 síh jūng sām gwóng chèuhng
toy 玩具 wuhn geuih
toy store 玩具店 wuhn geuih dim
track (train) 鐵軌 tit gwái
traditional 傳統 chyùhn túng
traffic light 紅綠燈 hùhng luhk dāng
trail 山路小徑 sāan louh síu ging
trail map 山路圖 sāan louh tòuh
train 火車 fó chē
train station 火車站 fó chē jaahm
transfer v (change trains/flights) 轉 jyun; v (money) 轉賬 jyún jeung
translate v 翻譯 fāan yihk
trash 垃圾 laahp saap
travel agency 旅行社 léuih hàhng séh
travel sickness 暈浪 wàhn lohng
traveler's check 旅行支票 léuih hàhng jī piu
traveller's cheque [BE] 旅行 支票 léuih hàhng jī piu
tree 樹 syuh
trim (hair cut) 剪 jín
trip 旅程 léuih chìhng
trolley [BE] 電車 dihn chē
trousers [BE] 長褲 chèuhng fu
T-shirt T恤 tī sēut
turn off (lights) 熄 sīk
turn on (lights) 開 hōi
TV 電視 dihn sih
type v 打字 dá jih

U

ugly 難睇 nàahn tái
umbrella 遮 jē
unattended 無人睇 móuh yàhn tái
unconscious 冇知覺 móuh jī gok
underground [BE] 地下 deih há
underground station [BE] 地鐵站 deih tit jaahm
understand v 理解 léih gáai
underwear 底衫 dái sāam
unemployed 失業者 sāt yihp jé
United Kingdom (U.K.) 英國 yīng gwok
United States (U.S.) 美國 méih gwok
university 大學 daaih hohk
unleaded (gas) 無鉛 mòuh yùhn
upper 上部 seuhng bouh
upset stomach 腸胃不適 chèuhng waih bāt sīk
urgent 緊急 gán gāp
urine 尿 niuh
use v 使用 sí yuhng
username 用戶名 yuhng wuh méng
utensil 器皿 hei míhng

V

vacancy 有空房 yáuh hūng fóng
vacation 假期 ga kèih
vaccination 防疫 fòhng yihk
vacuum cleaner 吸塵器 kāp chàhn hei
vagina 陰道 yām douh
vaginal infection 陰道傳染 yām douh chyùhn yíhm
valid 合法 hahp faat
valley 河谷 hòh gūk
valuable 貴重嘅 gwai juhng ge
value 價值 ga jihk
vegetarian 素食者 sou sihk jé
vehicle registration 車輛註冊 chē léuhng jyu chaak
viewpoint [BE] 觀點 gūn dím
village 村莊 chyūn jōng
vineyard 葡萄園 pòuh tòuh yùhn
visa 簽證 chīm jing
visit v 參觀 chāam gūn
visiting hours 探病時間 taam behng sìh gaan
visually impaired 弱視者 yeuhk sih j

vitamin 維生素 *waih sāng sou*
V-neck V 領 *wī léhng*
volleyball game 排球賽 *pàaih kàuh choi*
vomit v 嘔 *ngáu*

W

wait v 等 *dáng*; n 等候時間 *dáng hauh sìh gaan*
waiter 服務員 *fuhk mouh yùhn*
waiting room 候診室 *hauh chán āt*
waitress 女服務員 *néuih fuhk mouh yùhn*
wake v 醒 *séng*
wake-up call 叫醒服務 *giu séng fuhk mouh*
walk v 走 *jáu*; n 步行 *bouh hàhng*
walking route 步行路線 *bouh hàhng louh sin*
wall clock 掛鐘 *gwa jūng*
wallet 銀包 *ngàhn bāau*
war memorial 戰爭紀念館 *jin jāng gei nihm gún*
warm adj/v 暖 *nyúhn*
washing machine 洗衣機 *sái yī gēi*
watch 手錶 *sáu bīu*
water skis 滑水板 *waaht séui báan*
waterfall 瀑布 *bohk bou*
weather 天氣 *tīn hei*
week 星期 *sīng kèih*
weekend 週末 *jāu muht*
weekly 每週 *múih jāu*
welcome v 歡迎 *fūn yìhng*
well-rested 休息得好好 *yāu sīk dāk hóu hóu*
west 西部 *sāi bouh*
what 乜野 *māt yéh*
wheelchair 輪椅 *lèuhn yí*
wheelchair ramp 輪椅道 *lèuhn yí douh*
when 幾時 *géi sìh*
where 邊度 *bīn douh*
white 白色 *baahk sīk*
who 邊個 *bīn go*

wife 老婆 *lóuh pòh*
window 窗 *chēung*
window case 櫥窗 *chyùhn chēung*
wine list 酒類表 *jáu leuih bíu*
wireless internet 無線互聯網 *mòuh sin wuh lyùhn móhng*
wireless internet service 無線互聯網服務 *mòuh sin wuh lyùhn móhng fuhk mouh*
wireless phone 無線電話 *mòuh sin dihn wá*
with 同 *tùhng*
withdraw v 退出 *teui chēut*
withdrawal (bank) 取錢 *chéui chín*
without 冇 *móuh*
wok 炒鍋 *sō wō*
woman 女人 *néuih yán*
wool 羊毛 *yèuhng mòuh*
work v 做野 *jouh yéh*
wrap v (a package) 包 *bāau*
wrist 手腕 *sáu wún*
write v 寫 *sé*

Y

year 年 *nìhn*
yellow 黃色 *wòhng sīk*
yes 係 *haih*
yesterday 琴日 *kàhm yaht*
young 年輕 *nìhn hīng*
youth hostel 青年旅舍 *chīng nìhn léuih se*

Z

zoo 動物園 *duhng maht yùhn*

ENGLISH–CHINESE

A

阿斯匹零 a sī pāt lìhng aspirin

B

芭蕾 bā lèuih ballet
巴士 bā sí bus
巴士車票 bā sí chē piu bus ticket
巴士站 bā sí jaahm bus station; bus stop
巴士遊覽 bā sí yàuh láahm bus tour
鉑金 baahk gām platinum
白色 baahk sīk white
辦公室 baahn gūng sāt office
辦公時間 baahn gūng sìh gaan office hours
辦理登機手續 baahn léih dāng gēi sáu juhk check-in (airport)
百貨公司 baak fo gūng sī department store
包 bāau v wrap (a package)
包裹 bāau gwó package
包括 bāau kwut v include
北部 bāk bouh north
泵 bām plunger
繃帶 bāng dáai bandage
筆 bāt pen
病 behng sick [ill BE]
畀 béi v give
比較少 béi gaau síu less
比基尼裝 béi gīn nèih jōng bikini
畀人搶嘢 béi yàhn chéung yéh robbed
畀人偷咗 béi yàhn tāu jó stolen
鼻 beih nose
避孕丸 beih yahn yún pill (birth control)
避孕套 beih yan tou condom
BB bìh bī baby

BB車 bìhbī chē stroller [pushchair BE]
邊度 bīn douh where
邊個 bīn go who
便秘 bin bei constipated
變壓器 bin ngaat hei adapter
冰 bīng ice
冰球 bīng kàuh ice hockey
冰冷 bīng láahng icy
冰箱 bīng sēung refrigerator
標本 bīu bún specimen
表格 bíu gaak form (fill-in)
標誌 bīu ji symbol (keyboard)
玻璃 bō lēi glass (material)
玻璃杯 bō lēi būi glass (drinking)
瀑布 bohk bou waterfall
磅 bohng pound (weight)
博物館 bok maht gún museum
膊頭 bok tàuh shoulder
幫助 bōng joh help
保存 bóu chyùhn v save (on a computer)
保險 bóu hím insurance
保險公司 bóu hím gūng sī insurance company
保險卡 bóu hím kāat insurance card
保險箱 bóu hím sēung safe (storage)
保姆 bóu móuh babysitter
保安 bóu ngōn security
保鮮紙 bóu sīn jí plastic wrap [cling film BE]
報紙 bou jí newspaper
報攤 bou tāan newsstand
部分 bouh fahn portion
曝光 bouh gwōng exposure (film)
步行 bouh hàhng n walk
步行路線 bouh hàhng louh sin walking route
撥號 buht houh v dial

264 • DICTIONARY

杯 **būi** cup
背脊 **bui jek** back (body part)
脊椎 **bui jēui** spine (body part)
背囊 **bui nòhng** backpack
背痛 **bui tung** backache
半 **bun** half
半公斤 **bun gūng gān** half-kilo
半小時 **bun síu sìh** half hour

C

叉 **chā** fork
差錯 **chā cho** mistake
殘疾 **chàahn jaht** disabled; handicapped
殘疾人通道 **chàahn jaht yàhn tūng douh** hadicapped [disabled BE] accessible
踩單車 **cháai dāan chē** cycling
賊 **cháak** thief
測量 **chāak leuhng** v measure (someone)
參觀 **chāam gūn** v visit
鏟 **cháan** spatula
餐巾 **chāan gān** napkin
餐館 **chāan gún** restaurant
橙 **cháang** orange (color)
插入 **chaap yahp** v insert (on an ATM)
擦 **chaat** mop
茶匙 **chàh chìh** teaspoon
茶樓 **chàh làuh** teahouse
陳列櫃 **chàhn liht gwaih** display case
柴油 **chàih yàuh** diesel
疹 **chán** rash
漆器 **chāt hei** lacquerware
斜 **che** steep
車房 **chē fòhng** parking garage
車輛註冊 **chē léuhng jyu chaak** vehicle registration
車胎 **chē tāai** tire [tyre BE]
尺寸 **chek chyun** size
長 **chèuhng** long

長褲 **chèuhng fu** pants [trousers BE]
長袖 **chèuhng jauh** long sleeves
長筒襪 **chèuhng túng maht** tight
腸胃不適 **chèuhng waih bāt sīk** upset stomach
錘 **chéui** hammer
取錢 **chéui chín** withdrawal (bank)
取消 **chéui sīu** v cancel
搶 **chéung** v mug
腸 **chéung** intestine
窗 **chèung** window
搶奪 **chéung dyuht** v rob
出口 **chēut háu** n exit
出去 **chēut heui** v exit
出席 **chēut jihk** v attend
出租汽車 **chēut jōu hei chē** car rental [hire BE]
出納員 **chēut naahp yùhn** cashier
廁紙 **chi jí** toilet paper
遲啲 **chìh dī** v delay
匙羹 **chìh gāng** spoon
瓷器 **chìh hei** china
遲咗 **chìh jó** late (time)
瓷盆 **chìh pùhn** sink
池塘 **chìh tòhng** pond
潛水 **chìhm séui** v dive
潛水用具 **chìhm séui yuhng geuih** diving equipment
晴朗 **chìhng lóhng** sunny
簽證 **chīm jing** visa
簽名 **chīm méng** v sign
錢 **chín** money
清除 **chīng chèuih** v clear (on an ATM)
清潔產品 **chīng git cháan bán** cleaning product
清真寺 **chīng jān jí** mosque
清真食品 **chīng jān sihk bán** halal
青年旅舍 **chīng nìhn léuih se** youth hostel
設備 **chit beih** equipment
超速 **chīu chūk** speeding
超過 **chīu gwo** excess

超級 **chīu kāp** super (fuel)
超級市場 **chīu kāp síh chèuhng** supermarket
錯過 **cho gwo** missing
初學者 **chō hohk jé** beginner (skill level)
坐低 **chóh dāi** v sit
床 **chòhng** bed
床單 **chòhng dāan** sheet
床仔 **chòhng jái** cot
菜單 **choi dāan** menu
艙 **chōng** class
闖入 **chóng yahp** break-in (burglary)
操場 **chōu chèuhng** playground
蟲 **chùhng** bug
重複 **chùhng fūk** v repeat
蟲咬 **chùhng ngáau** insect bite
充電 **chūng dihn** v recharge
充血 **chūng hyut** congestion
沖涼 **chūng lèuhng** shower
櫥窗 **chyùh chēung** window case
儲蓄 **chyúh chūk** n deposit (bank); savings (account)
存儲卡 **chyúh chyùhn kāat** memory card
廚房 **chyùh fóng** kitchen
廚房錫紙 **chyùh fóng sehk jí** aluminum [kitchen BE] foil
處方藥 **chyúh fōng yeuhk** prescription
存錢 **chyùhn chín** v deposit
傳真 **chyùhn jān** n fax
傳真號碼 **chyùhn jān houh máh** fax number
傳統 **chyùhn túng** traditional
傳染 **chyùhn yíhm** infected
傳染嘅 **chyùhn yíhm ge** contagious
串 **chyun** v spell
村莊 **chyūn jōng** village

D

打包 **dá bāau** v pack
打電話 **dá dihn wá** v call; phone
打火機 **dá fó gēi** lighter
打攪 **dá gáau** v bother
打開 **dá hōi** v open
打字 **dá jih** v type
帶嚟 **daai làih** v bring
大 **daaih** large
大教堂 **daaih gaau tòhng** cathedral
大廈 **daaih hah** building
大學 **daaih hohk** university
大腿 **daaih tēui** thigh
單 **dāan** n bill (of sale)
單車 **dāan chē** bicycle
單車路線 **dāan chē louh sin** bike route
單程 **dāan chìhng** one-way (ticket)
單程路 **dāan chìhng louh** one-way street
單獨 **dāan duhk** alone
單身 **dāan sān** single (unmarried)
單人床 **dāan yàhn chòhng** single bed
單人房間 **dāan yàhn fóng** single room
搭車 **daap chē** v hitchhike
燉 **dahn** stewed
低 **dāi** low
抵達 **dái daaht** arrivals (airport)
底衫 **dái sāam** underwear
第一 **daih yāt** first
得意 **dāk yi** cute
凳 **dang** chair
等 **dáng** v wait
燈 **dāng** light (overhead)
燈膽 **dāng dáam** lightbulb
登機 **dāng gēi** v board
登機証 **dāng gēi jing** boarding pass
登機門 **dāng gēi mùhn** gate [airport]
等候時間 **dáng hauh sìh gaan** n wait
登錄 **dāng luhk** log on
地板 **deih báan** floor
地址 **deih jí** address

地鐵 **deih tit** subway [underground BE]
地鐵站 **deih tit jaahm** subway station [underground BE]
地圖 **deih tòuh** map
隊 **déui** team
對方付費電話 **deui fōng fuh fai dihn wá** v call collect [reverse the charges BE]
兌換 **deui wuhn** v exchange (money)
兌換率 **deui wuhn léut** exchange rate
DVD **dī wī dī** DVD
滴 **dihk** drop (medicine)
電車 **dihn chē** tram
電單車 **dihn dāan chē** motorcycle
電飯煲 **dihn faahn bōu** rice cooker
電風扇 **dihn fūng sin** fan (appliance)
電制 **dihn jai** electric outlet
電子票 **dihn jí piu** e-ticket
電子郵件 **dihn jí yàuh gín** n e-mail
電腦 **dihn nóuh** computer
電芯 **dihn sām** battery
電視 **dihn sih** TV
電梯 **dihn tāi** lift [elevator BE]
電筒 **dihn túng** flashlight
電話 **dihn wá** n call; phone call; telephone
電話號碼 **dihn wá houh máh** phone number
電話卡 **dihn wá kāat** phone card
電郵地址 **dihn yàuh deih jí** e-mail address
電影 **dihn yíng** movie
電影院 **dihn yíng yún** movie theater
碟 **dihp** dish (kitchen)
的士 **dīk sí** taxi
點 **dím** light (cigarette)
點心店 **dím sām dim** pastry shop
點樣 **dím yéung** how
癲癇 **dīn gáan** epileptic
碟 **díp** plate
雕刻 **dīu hāk** v engrave

雕像 **dīu jeuhng** statue
吊車 **diu chē** drag lift
多啲 **dō dī** more
多謝 **dō jeh** thank you
多雨 **dō yúh** rainy
袋 **dói** bag; pocket
代辦處 **doih baahn chyu** agency
當地 **dōng deih** local
刀 **dōu** knife
賭場 **dóu chèuhng** casino
倒空 **dóu hūng** v empty
到 **dou** get to; v reach
到達 **dou daaht** v arrive
度 **douh** degrees (temperature)
渡輪 **douh lèuhn** ferry
道路 **douh louh** path
導盲犬 **douh màahng hyún** guide dog
毒藥 **duhk yeuhk** poison
動脈 **duhng mahk** artery
動物 **duhng maht** animal
動物園 **duhng maht yùhn** zoo
東部 **dūng bouh** east
短 **dyún** short
短褲 **dyún fu** shorts
短袖 **dyún jauh** short sleeves

F

花 **fā** flower
化妝乳液 **fa jōng yúh yihk** lotion
飯 **faahn** meal
飯廳 **faahn tēng** dining room
快 **faai** express
塊 **faai** piece
快餐 **faai chāan** fast food
快速 **faai chūk** fast
筷子 **faai jí** chopsticks
番鹼 **fāan gáan** soap
翻譯 **fāan yihk** v translate
發傳真 **faat chyùhn jān** v fax
發電郵 **faat dihn yàuh** v e-mail
發短信 **faat dyún seun** v text (send a message)

發貨單 **faat fo dāan** invoice
琺瑯 **faat lòhng** enamel (jewelry)
髮廊 **faat lòhng** hair salon
發燒 **faat sīu** fever
發音 **faat yām** v pronounce
髮型 **faat yìhng** hairstyle
髮型師 **faat yìhng sī** hairstylist
罰款 **faht fún** fine (fee)
肺 **fai** lung
廢墟 **fai hēui** ruins
費用 **fai yuhng** fee
花粉症 **fān fán jing** hay fever
分機 **fān gēi** extension (phone)
分居 **fān gēui** separated (marriage)
分鐘 **fān jūng** minute
粉紅色 **fán hùhng sīk** pink
訓覺 **fan gaau** v sleep
飛髮 **fēi faat** haircut
飛機 **fēi gēi** airplane
飛機場 **fēi gēi chèuhng** airport
菲林 **fēi lám** film (camera)
火 **fó** fire
火柴 **fó chàaih** n match
火車 **fó chē** train
火車站 **fó chē jaahm** train [railway BE] station
貨幣 **fo baih** currency
貨幣兌換 **fo baih deui wuhn** currency exchange
貨幣兌換局 **fo baih deui wuhn gúk** currency exchange office
課程 **fo chìhng** lesson
防火門 **fòhng fó mùhn** fire door
房間 **fòhng gāan** room
房間鎖匙 **fòhng gāan só sìh** room key
防曬霜 **fòhng saai sēung** sunblock
防疫 **fòhng yihk** vaccination
方向 **fōng heung** direction
褲 **fu** pants
呼吸 **fū kāp** v breathe
俯視 **fú sih** overlook (scenic place)
副標題 **fu bīu tàih** subtitle
副作用 **fu jok yuhng** side effect

婦產科醫生 **fúh cháan fō yī sāng** gynecologist
父親 **fuh chān** father
附加費 **fuh gā fai** cover charge
附近 **fuh gahn** near; nearby
服裝要求 **fuhk jōng yīu kàuh** dress code
服務 **fuhk mouh** service (in a restaurant)
服務台 **fuhk mouh tòih** reservation desk
服務員 **fuhk mouh yùhn** waiter
灰色 **fūi sīk** gray
歡迎 **fūn yìhng** v welcome
風筒 **fūng túng** hair dryer

G

加大碼 **gā daaih máh** extra large
加滿 **gā múhn** v fill up (food)
家庭 **gā tìhng** family
加入 **gā yahp** v join
加油站 **gā yàuh jaahm** gas [petrol BE] station
加熱 **gā yiht** heat
加熱器 **gā yiht hei** heater
假牙 **gá ngàh** denture
咖啡店 **ga fē dim** coffee shop
咖啡館 **ga fē gún** cafe
咖啡色 **ga fē sīk** brown
價格 **ga gaak** price
價格固定嘅菜單 **ga gaak gu dihng ge choi dāan** fixed-price menu
價值 **ga jihk** value
假期 **ga kèih** vacation [holiday BE]
加拿大 **ga nàh daaih** Canada
駕駛執照號碼 **ga sái jāp jiu houh máh** driver's license number
隔夜 **gaahk yeh** overnight
戒指 **gaai jí** ring
介紹 **gaai siuh** v introduce
監督 **gāam dūk** supervision
交換 **gāau wuhn** v exchange (goods)

較剪 **gaau jín** scissors
教堂 **gaau tóng** church
近視 **gahn sih** near-sighted [short-sighted BE]
計時器 **gai sìh hei** meter (parking)
金 **gām** gold
今晚 **gām máahn** tonight
感謝 **gám jeh** v thank
感冒 **gám mouh** cold (sickness)
今日 **gām yaht** today
禁止 **gam jí** v prohibit
禁煙 **gam yīn** non-smoking
緊急 **gán gāp** urgent
緊急出口 **gán gāp chēut háu** emergency exit
緊急狀態 **gán gāp johng taai** emergency
緊身褲 **gán sān fu** briefs (clothing)
更改路線 **gāng gói louh sin** alternate route
救生衣 **gau sāng yī** life jacket
救生員 **gau sāng yùhn** lifeguard
救護車 **gau sēung chē** ambulance
肌肉 **gēi yuhk** muscle
幾多 **géi dō** how much
幾時 **géi sìh** when
紀念品 **gei nihm bán** souvenir
紀念品商店 **gei nihm bán sēung dim** souvenir store
紀念館 **gei nihm gún** memorial (place)
技工 **geih gūng** mechanic
頸 **géng** neck
頸鏈 **géng lín** necklace
鏡片 **geng pín** lens
腳趾 **geui jí** toe
腳 **geuk** foot
腳眼 **geuk ngáahn** ankle
件 **gihn** case (amount)
健康 **gihn hōng** health
健康食品店 **gihn hōng sihk bán dim** health food store
檢查 **gím chàh** v check (something)
兼職 **gīm jīk** part-time

見面 **gin mihn** v meet (someone)
警察 **gíng chaat** police
警察報告 **gíng chaat bou gou** police report
警察局 **gíng chaat gúk** police station
經濟艙 **gīng jai chōng** economy class
經期腹痛 **gīng kèih fūk tung** menstrual cramp
經理 **gīng léih** manager
景泰藍 **gíng taai làahm** cloisonné
結束 **git chūk** v end
結婚 **git fān** v marry
嬌小 **gīu síu** petite
叫醒服務 **giu séng fuhk mouh** wake-up call
叫野 **giu yéh** v order
歌劇 **gō kehk** opera
歌劇院 **gō kehk yún** opera house
嗰 **gó** that
嗰度 **gó douh** there
個人密碼 **go yàhn maht máh** personal identification number (PIN)
改 **gói** v alter (clothing)
乾淨 **gōn jehng** adj clean
肝臟 **gōn johng** liver (body part)
乾洗店 **gōn sái dim** dry cleaner
趕時間 **gón sìh gaan** rush
講 **góng** v speak
港元 **góng yùhn** dollar (H.K.)
高 **gōu** high
高速公路 **gōu chūk gūng louh** highway [motorway BE]
高腳椅 **gōu geuk yí** highchair
高爾夫球比賽 **gōu yíh fū kàuh béi choi** golf tournament
高爾夫球場 **gōu yíh fū kàuh chèuhng** golf course
古典音樂 **gú dím yām ngohk** classical music
古董店 **gú dúng dim** antiques store
古龍水 **gú lùhng séui** cologne
故障 **gu jeung** breakdown

DICTIONARY • 269

顧問 **gu mahn** consultant
雇用 **gu yuhng** v hire
攰 **guih la** tired
罐 **gun** pot
觀點 **gūn dím** overlook [viewpoint BE]
觀光 **gūn gwōng** sightseeing
觀光旅遊 **gūn gwōng léuih yàuh** sightseeing tour
宮殿 **gūng dihn** palace
公斤 **gūng gān** kilogram
攻擊 **gūng gīk** attack (on person)
公共 **gūng guhng** public
公仔 **gūng jái** doll
公里 **gūng léih** kilometer
公升 **gūng sīng** liter
公寓 **gūng yuh** apartment
公用電話 **gūng yuhng dihn wá** pay phone
公園 **gūng yún** n park
掛號信 **gwa houh seun** registered mail
掛鐘 **gwa jūng** wall clock
關閉 **gwāan bai** closed
關係 **gwāan haih** relationship
關節 **gwāan jit** joint (body part)
關節炎 **gwāan jit yìhm** arthritis
關門 **gwāan mùhn** v close (a shop)
關稅 **gwāan seui** duty (tax)
貴重嘅 **gwai juhng ge** valuable
骨頭 **gwāt tàuh** bone
過敏反應 **gwo máhn fáan ying** allergic reaction
國家代號 **gwok gā doih houh** country code
國際 **gwok jai** international (airport area)
國際學生證 **gwok jai hohk sāang jing** international student card
國際航班 **gwok jai hòhng bāan** international flight
國籍 **gwok jihk** nationality
國內 **gwok noih** domestic
國內航班 **gwok noih hòhng bāan** domestic flight

H

行人 **hàahng yàhn** pedestrian
鞋 **hàaih** shoes
鞋帶 **hàaih dáai** lace
鞋鋪 **hàaih póu** shoe store
客艙 **haak chōng** cabin
客房清潔服務 **haak fóng chīng git fuhk móuh** housekeeping services
客房送餐服務 **haak fóng sung chāan fuhk mouh** room service
峽谷 **haap gūk** ravine
烤 **hāau** v roast
烤肉 **hāau yuhk** barbecue
下晝 **hah jau** afternoon; p.m.
下爬 **hah pàh** jaw
下一個 **hah yāt go** next
行李 **hàhng léih** luggage
行李車 **hàhng léih chē** cart (luggage)
行李暫存箱 **hàhng léih jaahm chyùhn sēung** luggage locker
行李票 **hàhng léih piu** luggage [baggage BE] ticket
行李推車 **hàhng léih tēui chē** luggage cart [trolley BE]
行李認領 **hàhng léih yihng léhng** baggage claim
合法 **hahp faat** valid
喺 **hái** in
係 **haih** yes
克 **hāk** gram
黑暗 **hāk ngam** dark
黑色 **hāk sīk** black
口 **háu** mouth
口渴 **háu hot** thirsty
口譯員 **háu yihk yùhn** interpreter
喉嚨 **hàuh lùhng** throat
喉嚨痛 **hàuh lùhng tung** sore throat
候診室 **hauh chán sāt** waiting room
候機大堂 **hauh gēi daaih tòhng** terminal (airport)

後面 hauh mihn behind (direction)
起飛 héi fēi v leave
氣泵 hei bām air pump
汽車 hei chē car
汽車座位 hei chē joh wái car seat
氣喘 hei chyún asthmatic
戲劇 hei kehk n play (theater)
器皿 hei míhng utensil
汽船 hei syùhn motor boat
汽油 hei yàuh gasoline [petrol BE]
戲院 hei yún theater
靴 hēu boots
去 heui v go (somewhere)
香薰療法 hēung fān lìuh faat aromatherapy
香口膠 hēung háu gāau chewing gum
香水 hēung séui perfume
享用 héung yuhng v enjoy
顯示 hín sih v show
兄弟 hīng daih brother
可怕 hó pa terrible
河 hòh river
河谷 hòh gūk valley
學校 hohk haauh school
學習 hohk jaahp v study
學生 hohk sāang student
航班 hòhng bāan flight
航空公司 hòhng hūng gūng sī airline
航空信 hòhng hūng seun airmail
開 hōi turn on (lights)
開車 hōi chē v drive
開始 hōi chí v begin; start
開處方 hōi chyúh fōng v prescribe
開單 hōi dāan v bill (charge)
開罐器 hōi gun hei can opener
海關 hói gwāan customs
開酒器 hōi jáu hei corkscrew
開著 hōi jeuhk adj open
開瓶器 hōi pìhng hei bottle opener
開胃菜 hōi waih choi appetizer [starter BE]
海 hói sea

海灘 hói tāan beach
罕見 hón gin rare (object)
好 hóu adj good
好食 hóu sihk delicious
紅綠燈 hùhng luhk dāng traffic light
紅色 hùhng sīk red
胸圍 hūng wàih bra
血壓 hyut ngaat blood pressure
血液 hyut yihk blood

J

磋 jā carafe; jar
站 jaahm station
雜貨店 jaahp fo dim grocery store
雜誌 jaahp ji magazine
針灸 jām gau acupuncture
枕頭 jám tàuh pillow
真正 jān jing real
珍珠 jān jyū pearl
鎮 jan town
震驚 jan gīng stunning
質量 jāt leuhng quality
週末 jāu muht weekend
走 jáu v walk
酒吧 jáu bā bar (place)
酒店 jáu dim hotel
酒類表 jáu leuih bíu wine list
遮 jē umbrella
借記卡 je gei kāat debit card
最後 jeui hauh last
最好 jeui hóu best
嘴唇 jéui sèuhn lip
雀仔 jeuk jái bird
爵士樂 jeuk sih ngohk jazz
爵士樂俱樂部 jeuk sih ngohk kēui lohk bouh jazz club
准 jéun v permit
樽 jēun bottle
準備好 jéun beih hóu ready
准許 jéun héui v allow
進入 jeun yahp v enter
帳篷 jeung fùhng tent

帳篷杆 **jeung fùhng gōn** tent pole
帳蓬樁 **jeung fùhng jōng** tent peg
帳戶 **jeung wuh** account
支付 **jī fuh** v pay
支票 **jī piu** check [cheque BE]
支票戶口 **jī piu wuh háu** checking [current BE] account
紙 **jí** paper
紙幣 **jí baih** n bill (money)
指甲 **jí gaap** fingernail
趾甲 **jí gaap** toenail
指甲銼 **jí gaap cho** nail file
紙巾 **jí gān** paper towel; tissue
只係 **jí haih** only
止汗劑 **jí hon jāi** deodorant
姐妹 **jí múi** sister
指南 **jí nàahm** guide book
紫色 **jí sīk** purple
自動扶梯 **jih duhng fùh tāi** escalator
自動提款機 **jih duhng tàih fún gēi** ATM
自動提款卡 **jih duhng tàih fún kāat** ATM card
自助 **jih joh** self-service
寺廟 **jih míu** temple (religious)
自然保護區 **jih yìhn bóu wuh kēui** nature preserve
直 **jihk** straight
植物園 **jihk maht yùhn** botanical garden
即棄 **jīk hei** disposable
即棄剃鬚刀 **jīk hei tai sōu dōu** disposable razor
即時訊息 **jīk sìh seun sīk** instant message
毯 **jīn** blanket
煎鍋 **jīn wō** frying pan
剪 **jin** trim (hair cut)
戰場 **jin chèuhng** battleground
戰爭紀念館 **jin jāng gei nihm gún** war memorial
蒸鍋 **jīng wō** steamer
證件 **jing gín** identification
症狀 **jing johng** condition (medical)

證明 **jing mìhng** certificate
證實 **jing saht** v confirm
接受 **jip sauh** v accept
折 **jit** discount
招待會 **jīu doih wúi** reception
左邊 **jó bīn** left (direction)
座位 **joh wái** seat
撞 **johng** v crash (car)
再見 **joi gin** goodbye
壯觀 **jong gūn** magnificent
租 **jōu** v rent
租用汽車 **jōu yuhng hei chē** rental [hire BE] car
早 **jóu** early
早餐 **jóu chāan** breakfast
祖父母 **jóu fuh móuh** grandparent
早晨 **jóu sàhn** good morning
做 **jouh** v have
做野 **jouh yéh** v work
足球 **jūk kàuh** soccer [football BE]
中午 **jūng bouh** noon
中等 **jūng dáng** medium (size)
中國 **jūng gwok** China
中國畫 **jūng gwok wá** Chinese painting
中文 **jūng màhn** Chinese
鍾意 **jūng yi** v like
腫 **júng** swelling
中暑 **jung syú** sunstroke
珠寶商 **jyū bóu sēung** jeweler
主菜 **jyú choi** main course
主要景點 **jyú yiu gíng dím** main attraction
住 **jyuh** v live
住喺 **jyuh hái** v stay
住宿 **jyuh sūk** accommodation
專家 **jyūn gā** specialist (doctor)
轉賬 **jyún jeung** v transfer (money)
轉 **jyun** v transfer (change trains/flights)
轉機 **jyun gēi** connection (flight)
轉角處 **jyun gok chyu** around (the corner)
鑽石 **jyun sehk** diamond

K

卡路里 **kā louh léih** calories
卡 **kāat** card
咭片 **kāat pín** business card
琴日 **kàhm yaht** yesterday
近 **kahn** close
吸塵器 **kāp chàhn hei** vacuum cleaner
咳 **kāt** n/v cough
購物 **kau maht** shopping
購物中心 **kau maht jūng sām** shopping centre [mall BE]
購物區 **kau maht kēui** shopping area
購物籃 **kau maht láam** basket (grocery store)
球拍 **kàuh páak** racket (sports)
期間 **kèih gjāan** during; period (of time)
奇怪 **kèih gwaai** strange
強姦 **kèuhng gāan** rape
區號 **kēui houh** area code
俱樂部 **kēui lohk bouh** club
區域 **kēui wihk** region
拒絕 **kéuih jyuht** v decline (credit card)
橋樑 **kiùh lèuhng** bridge
蓋印 **koi yan** v stamp (a ticket)
抗生素 **kong sāng sou** antibiotic
曲棍球 **kūk gwan kàuh** hockey
裙 **kwàhn** skirt
困難 **kwan nàahn** difficult
拳擊比賽 **kyùhn gīk béi choi** boxing match

L

肋骨 **laahk gwāt** rib (body part)
籃球 **làahm kàuh** basketball
藍色 **làahm sīk** blue
爛 **laahn** v break (tooth)
爛咗 **laahn jó** broken
冷 **láahng** cold (temperature)
冷氣 **láahng hei** air conditioning
垃圾 **laahp saap** garbage [rubbish BE]
垃圾袋 **laahp saap dói** garbage [rubbish BE] bag
辣 **laaht** hot (spicy)
拉 **lāai** v pull
攬 **láam** v hug
臨時 **làhm sih** temporary
嚟 **làih** v come
禮拜 **láih baai** mass (church service)
禮品店 **láih bán dim** gift shop
禮服 **láih fuhk** dress (piece of clothing)
禮物 **láih maht** gift
樓 **làu** jacket
流動性 **làuh dung sing** mobility
流行音樂 **làuh hàhng yām ngohk** pop music
流血 **làuh hyut** v bleed
樓梯 **làuh tāi** stairs
領呔 **léhng tāai** tie (clothing)
利 **leih** sharp
離婚 **lèih fān** v divorce
離開 **lèih hōi** departure
釐米 **lèih máih** centimeter
理髮師 **léih faat sī** barber
理解 **léih gáai** v understand
里數 **léih sou** mileage
靚 **leng** beautiful
輪椅 **lèuhn yí** wheelchair
輪椅道 **lèuhn yí douh** wheelchair ramp
涼 **lèuhng** cool (temperature)
量杯 **lèuhng būi** measuring cup
量羹 **lèuhng gāng** measuring spoon
涼鞋 **lèuhng hàaih** sandals
律師 **leuht sī** lawyer
雷雨 **lèuih yúh** thunderstorm
旅程 **léuih chìhng** trip
旅客 **léuih haak** tourist
旅行支票 **léuih hàhng jī piu** traveler's check [cheque BE]

旅行社 **léuih hàhng séh** travel agency
旅舍 **léuih se** hostel
旅遊資訊辦公室 **léuih yàuh jī seun baahn gūng sāt** tourist information office
連接 **lìhn jip** connection (internet); *v* connect (internet)
領事館 **lìhng sih gún** consulate
令人驚奇嘅 **lihng yàn gīng kèih ge** amazing
列印 **liht yan** *v* print
落 **lohk** *v* place (a bet)
落車 **lohk chē** get off (a train/bus/subway)
樂趣 **lohk cheui** pleasure
浪漫 **lohng maahn** romantic
爐 **lòuh** stove
老 **lóuh** old
老公 **lóuh gūng** husband
老年人 **lóuh nìhn yàhn** senior citizen
老婆 **lóuh pòh** wife
路口位 **louh háu wái** aisle seat
路權 **louh kyùhn** right of way
路線 **louh sin** route
路線圖 **louh sin tòuh** road map
露營 **louh yìhng** *v* camp
露營爐 **louh yìhng lòuh** camping stove
綠色 **luhk sīk** green
聾 **lùhng** deaf
聯繫 **lyùhn haih** *v* contact

M

唔 **m** no
唔見咗 **m gin jó** *v* lose (something)
唔該 **m gōi** please
唔貴 **m gwai** inexpensive
晚餐 **máahn chāan** dinner
晚安 **máahn ngōn** good evening
慢慢地 **maahn máan déi** slowly
盲腸 **màahng chéung** appendix (body part)

買 **máaih** *v* buy
買野 **máaih yéh** *v* shop
賣 **maaih** *v* sell
賣花人 **maaih fā yàhn** florist
麻布 **màh bou** linen
麻醉 **màh jeui** anesthesia
媽媽 **mā mā** mother
民間音樂 **màhn gāan yām ngohk** folk music
文字 **màhn jih** *n* text (message)
敏感 **máhn gám** allergic
問題 **mahn tàih** problem; question
襪 **maht** sock
密碼 **maht máh** password
米黃色 **máih wòhng sīk** beige
蚊 **mān** Hong Kong currency
乜野 **māt yéh** what
微波爐 **mèih bō lòuh** microwave
美國 **méih gwok** United States (U.S.)
美國人 **méih gwok yàhn** American
美元 **méih yùhn** dollar (U.S.)
名 **méng** name
棉花 **mìhn fā** cotton
明信片 **mìhn seun pín** postcard
棉條 **mìhn tíu** tampon
面 **mihn** face
麵包鋪 **mihn bāau póu** bakery
面部 **mihn bouh** facial
免費 **mín fai** free
免稅 **mín seui** duty-free
網吧 **móhng bā** internet cafe
網球 **móhng kàuh** tennis
剝 **mōk** *v* extract (tooth)
帽 **móu** hat
毛巾 **mòuh gān** towel
無限次使用嘅 **mòuh haahn chi sí yuhng ge** multiple-trip (ticket)
無酒精 **mòuh jáu jīng** non-alcoholic
無脂肪 **mòuh jī fōng** fat free
無聊嘅 **mòuh lìuh ge** boring
無味 **mòuh meih** bland
無線電話 **mòuh sin dihn wá** wireless phone

無線互聯網 **mòuh sin wuh móhng** wireless internet
無線互聯網服務 **mòuh sin wuh lyùhn móhng fuhk mouh** wireless internet service
毛衣 **mòuh yī** sweater
無鉛 **mòuh yùhn** unleaded (gas)
冇 **móuh** without
舞蹈俱樂部 **móuh douh kēui lohk bouh** dance club
冇知覺 **móuh jī gok** unconscious
冇也野 **móuh māt yéh** nothing
無人睇 **móuh yàhn tái** unattended
木炭 **muhk taan** charcoal
每 **múih** per
每個鐘頭 **múih go jūng tàuh** per hour
每個星期 **múih go sīng kèih** per week
每週 **múih jāu** weekly
每晚 **múih máahn** per night
每日 **múih yaht** per day

N

南 **nàahm** south
男仔 **nàahm jái** boy
男朋友 **nàahm pàhng yáuh** boyfriend
男人 **nàahm yán** man
難睇 **nàahn tái** ugly
奶粉 **náaih fán** formula (baby)
奶嘴 **náaih jéui** pacifier [soother BE]
奶樽 **náaih jēung** baby bottle
扭傷 **náu sēung** sprain
你好 **néih hóu** hello
女服務員 **néuih fuhk mouh yùhn** waitress
女仔 **néuih jái** girl
女裝恤衫 **néuih jōng sēut sāam** blouse
女朋友 **néuih pàhng yáuh** girlfriend
女人 **néuih yán** woman
顏色 **ngàahn sīk** color
眼 **ngáahn** eye
眼鏡 **ngáahn géng** glasses (optical)
硬幣 **ngaahng beih coin**
額外 **ngaak ngoih** extra
晏晝 **ngaan jau** noon [midday BE]
牙 **ngàh** tooth
牙膏 **ngàh gōu** toothpaste
牙醫 **ngàh yī** dentist
銀 **ngàhn** silver
銀包 **ngàhn bāau** purse; wallet
銀行 **ngàhn hòhng** bank
危險 **ngàih hím** dangerous
嘔 **ngáu** v vomit
牛仔布 **ngàuh jái bou** denim
牛仔褲 **ngáuh jái fu** jeans
午餐 **ngh chāan** lunch
午夜 **ngh yeh** midnight
餓 **ngoh** hungry
臥鋪車 **ngoh pōu chē** sleeper [sleeping BE] car
樂隊 **ngohk déui** orchestra
昂貴 **ngòhng gwai** expensive
愛 **ngoi** n/v love (someone)
愛爾蘭 **ngoi yíh làahn** Ireland
愛爾蘭人 **ngoi yíh làahn yàhn** Irish
外面 **ngoih mihn** outside
外套 **ngoih tou** coat
安全 **ngōn chyùhn** safe (protected)
安靜 **ngōn jihng** quiet
按 **ngon** v push
按摩 **ngon mō** massage
屋 **ngūk** house
呢 **nī** this
呢度 **nī douh** here
年 **nìhn** year
年輕 **nìhn hīng** young
年齡 **nìhn nìhng** age
尿 **niuh** urine
尿片 **niuh pín** diaper [nappy BE]
農產品 **nùhng cháan bán** produce
農產品商店 **nùhng cháan bán sēung dim** produce store
農場 **nùhng chèuhng** farm
暖 **nyúhn** adj/v warm

DICTIONARY • 275

O

澳洲 **ou jāu** Australia

P

棒球 **páahng kàuh** baseball
排球賽 **pàaih kàuh choi** volleyball game
烹調 **pāang tiuh** v cook
跑馬場 **páau máh chèuhng** horse track
扒艇 **pàh téhng** rowboat
爬山電單車 **pàh sāan dihn dāan chē** mountain bike
貧血 **pàhn hyut** anemic
朋友 **pàhng yáuh** friend
噴髮劑 **pan faat jāi** hairspray
噴水池 **pan séui chìh** fountain
平 **pèhng** cheap
皮 **péi** leather
屁股 **pei gú** buttocks
皮帶 **pèih dáai** belt
皮膚 **pèih fū** skin
平底鑊 **pìhng dái wohk** saucepan
片 **pin** slice (of something)
票 **piu** ticket
膀胱 **pòhng gwōng** bladder
抱歉 **póu hip** sorry
普通 **póu tūng** regular
鋪位 **pou wái** berth
葡萄園 **pòuh tòuh yùhn** vineyard
配菜 **pui choi** side dish

S

沙漠 **sā mohk** desert
砂鍋 **sā wō** clay pot
曬傷 **saai sēung** sunburn
山 **sāan** mountain
刪除 **sāan chèuih** v delete
山頂 **sāan déng** peak (of a mountain)
山洞 **sāan duhng** cave

山仔 **sāan jái** hill
山路小徑 **sāan louh síu gìng** trail
山路圖 **sāan louh tòuh** trail map
散紙 **sáan jí** change (money)
生日 **sāang yaht** birthday
殺蟲劑 **saat chùhng jāi** insect repellent
腎臟 **sahn johng** kidney (body part)
十字路口 **sahp jih louh háu** intersection
西部 **sāi bouh** west
西服套裝 **sāi fuhk tou jōng** suit
洗 **sái** v clean
洗潔精 **sái git jīng** dishwashing liquid
洗過嘅衫 **sái gwo ge sāam** laundry
洗頭水 **sái tàuh séui** shampoo
洗碗機 **sái wún gē** dishwasher
洗衣店 **sái yī dim** laundormat [launderette BE]
洗衣店設施 **sái yī dim chit sī** laundry facility
洗衣服務 **sái yī fuhk mouh** laundry service
洗衣機 **sái yī gēi** washing machine
細蚊仔 **sai mān jái** child
心口 **sām háu** chest (body part)
心口針 **sām háu jām** brooch
心口痛 **sām háu tung** chest pain
心臟 **sām johng** heart
心臟狀況 **sām johng johng fong** heart condition
森林 **sām làhm** forest
申報 **sān bou** v declare
新手 **sān sáu** novice (skill level)
新鮮 **sān sīn** fresh
失去 **sāt heui** lost
失物認領處 **sāt maht yihng líhng chyu** lost and found
失眠 **sāt mìhn** insomnia
室外游泳池 **sāt ngoih yàuh wìhng chìh** outdoor pool
室內泳池 **sāt noih wìhng chìh** indoor pool

膝頭 sāt tàuh knee
失業者 sāt yihp jé unemployed
修道院 sāu douh yún monastery
收費 sāu fai n charge (cost)
收據 sāu geui receipt
修腳趾甲 sāu geuk jí gaap pedicure
修理 sāu léih v fix (repair)
修甲 sāu sáu gaap manicure
手 sáu hand
手臂 sáu bei arm
手錶 sáu bīu watch
手動汽車 sáu duhng hei chē manual car
手機 sáu gēi cell [mobile BE] phone
手踭 sáu jāang elbow
手指 sáu jí finger
手扼 sáu ngáak bracelet
首飾 sáu sīk jewelry
手提行李 sáu tàih hàhng léih carry-on [hand luggage BE]
手提箱 sáu tàih sēung suitcase
手推車 sáu tēui chē cart (grocery store)
手腕 sáu wún wrist
售票處 sauh piu chyu ticket office
寫 sé v write
錫 sek v kiss
醒 séng v wake
純銀 sèuhn ngán sterling silver
需要 sēui yiu v need
水池 séui chìh pool
水底呼吸設備 séui dái fū kāp chit beih snorkeling equipment
水晶 séui jīng crystal
睡袋 seuih dói sleeping bag
睡意 seuih yi drowsiness
睡衣 seuih yī pajamas
訊問處 sēun mahn chyu information desk
信封 seun fūng envelope
信件 seun gín letter
信息 seun sīk information (phone); message
信用卡 seun yuhng kāat credit card

箱 sēung box
商場 sēung chèuhng shopping mall [shopping centre BE]
雙程 sēung chìhng round-trip [return BE] (ticket)
商店目錄 sēung dim muhk luhk store directory
相反 sēung fáan opposite
傷口 sēung háu n cut (injury)
商務 sēung mouh business
商務艙 sēung mouh chōng business class
傷心 sēung sām sad
雙人床 sēung yàhn chòhng double bed
商業中心 sēung yihp jūng sām business center
相 séung photo
相機 séung gēi camera
相機套 séung gēi tou camera case
想嘔 séung ngáu nauseous
恤衫 sēut sāam shirt
絲綢 sī chàuh silk
CD sī dī CD
絲巾 sī gīn scarf
試吓 si háh v taste
絲襪 sī maht pantyhose
使用 sí yuhng v use
試身室 si sān sāt fitting room
市場 síh chèuhng market
市地圖 síh deih tòuh town map
時間 sìh gaan time
時間表 sìh gaan bíu schedule [timetable BE]
時裝店 sìh jōng dim clothing store
市政廳 síh jing tēng town hall
市中心 síh jūng sām downtown
市中心廣場 síh jūng sām gwóng chèuhng town square
食 sihk v eat
食物 sihk maht food
食藥 sihk yeuhk v take
食煙 sihk yīn v smoke; smoking (area)

DICTIONARY • 277

城堡 **sìhng bóu** castle
乘客 **sìhng haak** passenger
舌 **siht** tongue
熄 **sīk** turn off (lights)
適合 **sīk hahp** fit (clothing)
線 **sin** line (train)
星期 **sīng kèih** week
攝氏 **sip sih** Celsius
攝影器材商店 **sip yínghei chòih sēung dim** camera store
燒 **sīu** v burn
消毒藥膏 **sīu duhk yeuk gōu** antiseptic cream
消防隊 **sīu fòhng yùhn** fire department
銷售稅 **sīu sauh seui** sales tax
小 **síu** small
小酒吧 **síu jáu bā** mini-bar
小組 **síu jóu** group
小溪 **síu kāi** stream
小路 **síu louh** trail [piste BE]
小路路線圖 **síu louh louh sin tòuh** trail [piste BE] map
小時 **síu sìh** hour
小食店 **síu sihk dim** snack bar
少少 **síu síu** little
梳 **sō** comb; hairbrush
炒鍋 **sō wō** wok
鎖 **só** n lock
鑰匙 **só sìh** key
鑰匙卡 **só sìh kāat** key card
鑰匙扣 **só sìh kau** key ring
桑拿 **sōng nàh** sauna
鬚後水 **sōu hauh séui** aftershave
帚把 **sou bá** broom
數字 **sou jih** number
數碼 **sou máh** digital
數碼相機 **sou máh séung gēi** digital camera
數碼相片 **sou máh seung pín** digital photo
數碼印刷品 **sou máh yan chaat bán** digital print
掃描器 **sou mìuh hei** scanner

素食者 **sou sihk jé** vegetarian
熟食 **suhk sihk** delicatessen
宿醉 **sūk jeui** hangover
宿舍 **sūk se** dormitory
送 **sung** v send
書 **syū** book
書店 **syū dim** bookstore
書法用品 **syū faat yuhng bán** calligraphy supplies
樹 **syuh** tree
船 **syùhn** boat
孫 **syūn** grandchild
損傷 **syún sēung** v damage
說唱樂 **syut cheung lohk** rap (music)
雪櫃 **syut gwaih** freezer
雪靴 **syut hēu** snowshoe
雪茄 **syut kā** cigar

T

太 **taai** too
太熟 **taai suhk** overdone
太陽 **taai yèuhng** sun
太陽眼鏡 **taai yèuhng ngáahn géng** sunglasses
探病時間 **taam behng sìh gaan** visiting hours
塔 **taap** tower
睇 **tái** v look
體操 **tái chōu** gym
睇見 **tái gin** v see
體育 **tái yuhk** sports
體育場 **tái yuhk chèuhng** stadium
體育用品商店 **tái yuhk yuhng bán sēung dim** sporting goods store
剃鬚刀 **tai sōu dōu** razor blade
剃鬚膏 **tai sōu gōu** shaving cream
吞 **tān** v swallow
偷 **tāu** v steal
偷竊 **tāu sit** theft
頭 **tàuh** head (body part)
頭等艙 **tàuh dáng chōng** first class
頭髮 **tàuh faat** hair
頭盔 **tàuh kwāi** helmet

投訴 tàuh sou complaint
頭痛 tàuh tung headache
頭暈眼花 tàuh wàhn ngáahn fā dizzy
推薦 tēui jin recommendation
腿 téui leg
退出 teui chēut v withdraw
退房 teui fóng check-out (hotel)
退休 teui yāu retired
T恤 tī sēut T-shirt
甜 tìhm sweet (taste)
填寫 tìhn sé v fill out (form)
停車 tìhng chē v park
停車場 tìhng chē chèuhng parking lot [car park BE]
停車計時器 tìhng chē gai sìh hei parking meter
停低 tìhng dāi v stop
天氣 tīn hei weather
聽日 tīng yaht tomorrow
聽力唔好 ting lihk m hóu hearing impaired
鐵軌 tit gwái track (train)
跳舞 tiu móuh v dance
拖車 tō chē tow truck
拖鞋 tō háai slippers
糖尿病 tòhng niuh behng diabetic
檯 tói table
托運 tok wahn v check (luggage)
湯羹 tōng gāng ceramic spoon
熨 tong v press (clothing)
熨斗 tong dáu n iron
熨衫 tong sāam v iron
肚屙 tóu ngō diarrhea
陶器 tòuh hei pottery
圖書館 tòuh syū gún library
同 tùhng with
銅 tùhng copper
同事 tùhng sih colleague
同一 tùhng yāt same
通知 tūng jī v notify
痛 tung pain
斷開 tyúhn hōi disconnect (computer)

W

還 wàahn v return
滑浪板 waaht lohng báan surfboard
滑水板 waaht séui báan water skis
壞咗 waaih jó damaged
玩 wáan v play
運動場 wahn duhng chèuhng field (sports)
運動鞋 wahn duhng hàaih sneaker
運動衫 wahn duhng sāam sweatshirt
暈浪 wàhn lohng travel sickness
運送 wahn sung v ship (mail)
餵 wai v feed
餵母乳 wai móuh yúh breastfeed
胃 waih stomach
為咗 waih jó for
衛生棉 waih sāng mìhn sanitary napkin [pad BE]
維生素 wàihh sāng sou vitamin
胃痛 waih tung stomachache
溫泉 wān chyùhn hot spring
溫泉 wān chyùhn spa
V領 wī léhng V-neck
泳衣 wihng yī swimsuit
黃色 wòhng sīk yellow
污糟 wū jōng dirty
湖 wùh lake
護髮素 wuh faat sou conditioner
護照 wuh jiu passport
護照管制 wuh jiu gún jai passport control
互聯網 wuh lyùhn móhng internet
互聯網服務 wuh lyùhn móhng fuhk mouh internet service
護士 wuh sih nurse
換車 wuhn chē v change (buses)
換錢 wuhn chín v change (money)
換地方 wuhn deih fōng v exchange (place)
玩具店 wuhn geui dim toy store
玩具 wuhn geuih toy

換尿片 wuhn niuh pín v change (baby)
換現金 wuhn yihn gām v cash
回收 wùih sāu recycling
會係 wúih haih v be
會員證 wúih yùhn jing membership card
會議 wuih yíh conference; meeting
會議室 wuih yíh sāt meeting room
會議廳 wuih yíh tēng convention hall
碗 wún bowl

Y

任何野 yahm hòh yéh anything
人民幣 yàhn màhn baih Ren Min Bi (Chinese currency)
入場 yahp chèuhng admission
入口 yahp háu entrance
日 yaht day
日期 yaht kèih date (calendar)
陰道 yām douh vagina
陰道傳染 yām douh chyùhn yíhm vaginal infection
陰莖 yām ging penis
音樂 yām ngohk music
音樂商店 yām ngohk sēung dim music store
音樂廳 yām ngohk tēng concert hall
音樂會 yām ngohk wúi concert
飲 yám v drink
飲料 yám liuh n drink
飲料單 yám liuh dāan drink menu
飲用水 yám yuhng séui drinking water
隱形眼鏡 yán yìhng ngáahn géng contact lens
隱形眼鏡液 yán yìhng ngáahn géng yihk contact lens solution
一打 yāt dā dozen
一共 yāt guhng total (amount)
一樓 yāt láu ground floor

休息得好好 yāu sīk dāk hóu hóu well-rested
休息室 yāu sīk sāt restroom [toilet BE]
油 yàuh oil
遊蕩者 yàuh dong jé loafers
郵寄 yàuh gei v mail
郵件 yàuh gín n mail [post BE]
郵局 yàuh gúk post office
遊戲 yàuh hei game
遊戲圍欄 yàuh hei wàih làahn playpen
遊覽 yàuh láahm excursion; tour
遊覽勝地 yàuh láahm sing deih attraction (place)
遊樂園 yàuh lohk yùhn amusement park
郵票 yàuh piu n stamp (postage)
游水 yàuh séui v swim
郵箱 yàuh sēung mailbox [postbox BE]
猶太教堂 yàuh taai gaau tóng synagogue
猶太食品 yàuh taai sihk bán kosher
有趣 yáuh cheui interesting
有空房 yáuh hūng fóng vacancy
有咗 yáuh jó pregnant
有早餐嘅酒店 yáuh jóu chāan ge jáu dim bed and breakfast
有吸引力嘅 yáuh kāp yáhn lihk attractive
有遠見 yáuh yúhn gin far-sighted [long-sighted BE]
野餐區 yéh chāan kēui picnic area
夜 yeh night
夜總會 yeh júng wúi nightclub
夜晚 yeh máahn evening
藥房 yeuhk fòhng pharmacy [chemist BE]
藥方 yeuhk fōng prescription
藥膏 yeuhk gōu cream (ointment)
弱視者 yeuhk sih jé visually impaired

藥丸 **yeuhk yún** tablet (medicine)
羊毛 **yèuhng mòuh** wool
氧氣治療 **yéuhng hei jih lìuh** oxygen treatment
約 **yeuk** appointment
衣物 **yī maht** clothing
衣物櫃 **yī maht gwaih** locker
醫生 **yī sāng** doctor
醫藥 **yī yeuhk** medicine
醫院 **yī yún** hospital
意外 **yi ngoih** accident
以前 **yíh chìhn** before
胰島素 **yìh dóu sou** insulin
兒科醫生 **yìh fō yī sāng** pediatrician
兒童菜單 **yìh tùhng choi dāan** children's menu
兒童飯量 **yìh tùhng faahn leuhng** children's portion
兒童泳池 **yìh tùhng wihng chìh** kiddie [paddling BE] pool
宜家 **yìh gā** now
以後 **yíh hauh** after; later
耳仔 **yíh jái** ear
耳仔痛 **yíh jái tung** earache
耳筒 **yíh túng** headphones
耳環 **yíh wáan** earrings
嚴肅 **yìhm sūk** serious
驗光師 **yihm gwōng sī** optician
現金 **yihn gām** n cash
營地 **yìhng deih** campsite
研討會 **yìhng tóu wúi** seminar
營業時間 **yìhng yihp sìh gaan** business hours
熱 **yiht** hot (temperature)
煙 **yīn** cigarette
煙草零售商 **yīn chóu lìhng sauh sēung** tobacconist
英鎊 **yīng bóng** pound (British sterling)
英國 **yīng gwok** United Kingdom (U.K.)
英國人 **yīng gwok yàhn** British
英文 **yīng màhn** English

嬰兒紙巾 **yīng yìh jí gān** baby wipe
影相 **yíng séung** photography
影印本 **yíng yan bún** photocopy
要塞 **yiu choi** fort
搖籃 **yìuh láam** crib
娛樂 **yùh lohk** entertainment
雨 **yúh** rain
乳房 **yúh fòhng** breast
雨林 **yúh làhm** rainforest
雨褸 **yúh lāu** raincoat
乳糖過敏 **yúh tòhng gwo máhn** lactose intolerant
預報 **yuh bou** forecast
預定 **yuh dihng** reservation; v reserve
預定日程 **yuh dihng yaht chìhng** v schedule
愉快 **yuh faai** happy
預支現金 **yuh jī yìhn gām** cash advance
遠 **yúhn** far
圓領 **yùhn léhng** crew neck
原諒 **yùhn leuhng** v excuse
懸崖 **yùhn ngàaih** cliff
容易 **yùhng yih** easy
用 **yuhng** v cost
用盡 **yuhng jeuhn** exhausted
用信用卡畀錢 **yuhng seun yuhng kāat béi chín** v charge (credit card)
用戶名 **yuhng wuh méng** username
月 **yuht** month
月經 **yuht gīng** period (menstrual)
月臺 **yuht tòih** platform
玉 **yúk** jade